Parents à perpétuité

Sophie et Dominique Moulinas
Avec Caroline Andrieu-Millagou

# Parents à perpétuité

Flammarion

ISBN : 978-2-0813-7451-5

*À nos enfants*

# Préface

## Par le professeur Marcel Rufo, pédopsychiatre

Malade ne veut pas dire innocent. Matthieu Moulinas est malade, oui, mais il est bien coupable d'avoir violé deux jeunes filles, et tué l'une d'elles dans des conditions abominables. L'image des parents d'Agnès Marin ne me quitte pas depuis ce drame ; ils sont les victimes. Reste que l'assassin de leur enfant a été condamné à l'emprisonnement à perpétuité, en milieu carcéral donc, et que cette peine, pour le médecin que je suis, n'a pas de sens.

J'ai rencontré pour la première fois Dominique Moulinas en 2013, après le procès de son fils au Puy-en-Velay. Interrogé en tant que pédopsychiatre par un journaliste, je m'étais permis de dire que ce père avait sans doute « surprotégé » son garçon. Qu'il l'avait aidé à trouver une place dans un pensionnat alors que les premiers actes graves qu'il avait commis recommandaient au moins dix-huit mois en service de soins fermé. Dominique Moulinas m'a répondu : « Oui, en effet, j'ai voulu aider mon fils. J'y croyais. » Il avait toujours soutenu son fils fragile en étant présent et actif à ses côtés, depuis ses premières années d'école. En toute logique, il avait continué.

Désormais il voulait savoir, comprendre, assumer ce qu'il avait à assumer. Bien qu'anéantie, son épouse, Sophie, se plaçait dans cette même démarche. Elle m'a parlé de son sentiment de culpabilité et des traumatismes qu'elle avait elle-même vécus dans son enfance. Face à ce couple, je ressentais encore un émoi intense en pensant au crime atroce qu'avait commis leur fils. Je pensais constamment au père de la jeune fille et je me posais des questions : qu'est-ce que je ferais, moi, s'il s'agissait de ma fille ? Quels désirs de vengeance m'habiteraient ? Et qu'est-ce que je serais capable d'en faire ? Mais, pour les parents de Matthieu, j'ai essayé d'aller au-delà de l'émotion ; dans toute cette terrible histoire, il restait des vivants : Dominique Moulinas, Sophie Moulinas, et leurs deux filles. Je ne pouvais qu'essayer de les aider.

Ensemble, nous avons retracé le fil de l'histoire de Matthieu. Pas pour l'excuser, car la maladie n'excuse rien, elle explique seulement. Ensemble, nous avons réfléchi à l'état intérieur de ce garçon pour tenter, si cela était possible, de donner un sens à ses actes. Nous avons abordé le sentiment de rejet qu'il avait ressenti lors de sa scolarité, dès le CP. Il se vivait comme écarté des autres, exclu par le groupe, incapable de s'intégrer. Le harcèlement démolit l'estime de soi et la confiance en soi, et peut mener à une conduite à risques à l'adolescence, puis à des passages à l'acte psychopathiques et dyssociaux à l'âge adulte. C'est ce qui s'est produit avec dans son cas le côté punk, une sexualité précoce, une agressivité jusqu'à en venir au premier acte pour lequel il a été arrêté, le viol sur Julie, première tragédie.

Matthieu Moulinas n'a pas été harcelé par ses camarades d'école, mais découvrir qu'il s'était vécu comme tel prouve qu'il était déjà malade petit garçon. Se pose, a posteriori, la question des expertises psychiatriques. La maladie de cet adolescent n'a pas été cernée entre les deux crimes, peut-être parce que sa pathologie était une pathologie blanche, c'est-à-dire sans trop de signes, d'aspérités, dans un contexte assez banal, et parce qu'elle ne s'exprimait pas non plus par les mots. Il était envahi par des pensées morbides et pathologiques qu'il pensait maîtriser en les taisant et qui ont fini par prendre le dessus.

C'est sur le diagnostic de la maladie – qu'ils ont d'ailleurs posé eux-mêmes très tôt – que les Moulinas ont pu conserver un lien de parentalité. Après le premier drame, ils ont été comme tous les parents du monde dans une réserve d'espérance. Quoi qu'ait fait l'enfant, être parent, c'est pardonner et cultiver pour lui une réserve d'avenir. On en veut terriblement à un criminel, un psychopathe, un pervers, mais, face à un jeune atteint d'une pathologie mentale aussi lourde que la schizophrénie, on a envie d'agir pour que le traitement soit maintenu et on continue de supporter son enfant, au sens de support[eur].

Aujourd'hui, le fait d'avoir compris et admis sa pathologie ne peut que les aider. Il faut louer leur courage : dans la mise en scène de leur malheur ici, avec ce récit, ils nous permettent d'essayer de comprendre l'événement et de donner sens à des faits qui paraissent inexplicables parce qu'ils sont effroyables. Et ils m'aident, moi aussi, à faire face à l'émotion toujours aussi vive que je ressens lorsque je repense à cette histoire terrible. Restent deux personnes qui ne peuvent accéder à ce discours sur la maladie d'un assassin, ce sont les parents de la victime. Je les comprends, ils ne guériront jamais de leurs blessures, elles sont incurables. Je pense à eux.

# Introduction

*Dominique et Sophie Moulinas*

Nous sommes les parents d'un tueur. Le dire, l'écrire est surréaliste. Et indécente, cette affirmation : presque comme si l'on se vantait. Essayons autrement.

Nous sommes les parents d'un tueur et violeur. Tueur et violeur d'enfant. Est-ce que, cette fois, dans ce constat, l'horreur transparaît assez pour que l'on comprenne que, non, nous ne sommes pas fiers ? Qu'au contraire nous sommes pétris de honte, de chagrin, de culpabilité ?

Nous sommes les parents du garçon qui a violé la jeune Agnès Marin le 16 novembre 2011 dans la forêt du Chambon-sur-Lignon, dans la Haute-Loire. Qui l'a tuée d'au moins dix-sept coups de couteau. Qui a brûlé son corps d'adolescente. Trois crimes en un. Au-delà de l'horreur.

Un an et quatre mois plus tôt, notre fils avait déjà violé une jeune fille de notre village du Gard, une enfant pour qui nous avions de l'affection ; nous la connaissions depuis toute petite. Il avait été enfermé, puis relâché dans l'attente de son jugement. Depuis décembre 2010, il était au Chambon parce que nous nous étions démenés pour le faire sortir de prison et pour qu'il reprenne le chemin de l'école. Parce que le collège-lycée du Cévenol, connaissant la précédente agression qu'il avait commise, l'avait accepté dans ses rangs et dans son internat. Parce que les expertises psychiatriques, validées par la justice, avaient affirmé qu'il n'était pas malade, qu'il n'avait pas besoin d'être soigné, seulement suivi. Parce que nous n'avons pas imaginé qu'il pourrait recommencer. Il a fait pire.

Nous sommes les parents du seul mineur jamais condamné à perpétuité en France. Avant lui, il y avait eu Patrick Dils, convaincu de son innocence, parce qu'innocent il était, et innocent il fut reconnu. Notre fils, lui, est coupable. Il a tout avoué. Longtemps, il a même pensé et dit qu'il aurait envie de recommencer.

Nous sommes un couple dont le premier né était un petit garçon rêveur et joyeux, curieux et bricoleur, d'une grande tendresse envers ses deux sœurs, respectueux et aimant vis-à-vis de son père et de sa mère.

Nous sommes un homme et une femme dévastés. Est-il indécent de le dire, de l'écrire ? Nous pensons aux parents d'Agnès Marin, à leur souffrance que nous ne nous permettons même pas d'imaginer. Nous ne nous plaignons pas. Depuis cinq ans, nous avons choisi le silence. Nous nous permettons seulement, aujourd'hui, de dire que nous sommes à terre.

Il n'existe pas d'outil pour quantifier l'amour, non plus que le chagrin. Nous avons perdu un enfant et toutes nos certitudes.

Notre fils a violé et tué, et nous n'avons rien vu venir. Nous ne l'avons pas vu devenir cet autre, celui qui commet des crimes, celui qui frappe et détruit. Nous ne savons plus très bien qui nous sommes. Nous aimons toujours notre enfant. Nous restons ses parents. Nous sommes ses parents, à perpétuité.

Quelque temps ayant passé depuis ses crimes, nous avons appris à vivre sans lui et avec les sentiments divers et diversement pénibles qui nous accablent. Il n'est pas indécent de le dire, de l'écrire : chacun de nous est une victime, et nos filles également.

Nous avons été jugés pour notre aveuglement et notre détermination à sauver notre fils. Moi, Dominique, j'ai toujours l'impression que ses aveux et sa condamnation ne suffisent pas. Aurait-il fallu que je le tue de mes mains ?

Nous souffrons de ne pas comprendre pourquoi, comment, à quel moment. De chercher, sans relâche, de ne pas trouver. Moi, Sophie, je me souviens de mon enfance, des mots et des gestes qui m'ont assommée alors. Sont-ils passés dans mon sang ? Coulent-ils dans les veines de Matthieu ?

Sur lui, il n'y a peut-être plus rien à découvrir. Malgré les expertises, les contre-expertises, les heures sans fin à parler face à des psychologues, des psychiatres, des juges, des avocats, malgré des semaines de procès, la vérité n'a pas émergé dans son intégralité. Il manque toujours des pièces au puzzle, mais nous ne renonçons pas à le reconstituer. Nous voulons essayer, encore, ici, en remontant le fil de notre histoire, de nos enfances respectives, de nos décisions de parents, bonnes ou mauvaises, sans rien omettre, sans rien cacher. En parlant de notre fils. Parce que, avant de devenir un criminel, il était un enfant malade.

Si quelque chose peut être réparé, si la prise en charge des adolescents psychotiques peut être améliorée, s'il y a un sens à donner à tout cela, parlons de Matthieu. S'il nous reste une chance de nous relever.

# 1

## AVANT MATTHIEU

*Dominique Moulinas*

Aimer Sophie n'est pas une option. Depuis que je la connais, je l'aime, c'est ainsi. Lorsque je l'ai rencontrée, elle souriait peu afin de cacher les bagues sur ses dents. Maintenant, elle a un sourire comme on en voit dans les publicités, magnifique, mais, à dix-huit ans, elle n'osait pas. La famille d'accueil qui l'avait élevée jusqu'à son adolescence l'avait privée d'un traitement d'orthodontie sous prétexte qu'il aurait fallu l'emmener à Marignane chez un spécialiste, puisqu'il n'y en avait pas dans leur village. Ces gens avaient affirmé à la Ddass que Sophie refusait de se faire arranger les dents. C'était faux, évidemment. Sophie voulait être belle, comme toutes les filles veulent être belles, pour pouvoir se regarder dans un miroir et s'aimer.

Je l'ai croisée pour la première fois pendant l'été 1986 au sein d'une colonie de vacances des PEP 13

(Pupilles de l'Enseignement public des Bouches-du-Rhône), à Savines-le-Lac, dans les Hautes-Alpes. Nous y travaillions tous les deux, moi auprès des plus jeunes et elle auprès de plus grands, si bien que nous avions peu d'activités en commun et donc peu d'occasions de nous rapprocher. Cet été-là, nous nous sommes à peine adressé la parole. Nous fréquentions des lycées différents, moi à L'Isle-sur-Sorgue, Sophie à Aix ; les deux années suivantes, chacun de nous a même oublié que l'autre existait.

À peu de chose près, nous aurions pu ne jamais nous recroiser, ne jamais être ensemble, ne jamais avoir d'enfants, ne jamais faire Matthieu.

L'été 1988, Sophie et moi sommes partis travailler dans un autre camp des PEP 13, au Puy-Saint-Réparade, dans le Luberon, et cette fois nous nous occupions du même groupe d'enfants. Là, nous avons fait connaissance, sans plus. Nous étions bons amis. Sophie avait été débarrassée de ses bagues, elle souriait davantage mais elle ne s'aimait toujours pas. Moi, je trouvais qu'elle était canon. Trop belle pour moi. Inaccessible.

Nous venions l'un et l'autre d'obtenir notre bac général. En septembre, nous avons attaqué nos études, chacun de son côté, moi en fac de biochimie et Sophie en première année d'IUT de gestion. Gisou, une amie commune, m'hébergeait dans son appartement à L'Isle-sur-Sorgue. Me voyant si peu doué pour la drague, elle a joué la bonne fée en œuvrant à notre rapprochement. Dès le lendemain de notre premier baiser, Sophie m'accueillait chez elle. L'année suivante, j'ai pu intégrer un BTS à Nîmes, Sophie et moi nous voyions tous les week-ends et pendant tous les stages en entreprise que nos formations respectives exigeaient. Très vite, elle m'a fait confiance. Et, très vite, il m'est apparu que nous ne pouvions pas ne pas être ensemble. Sophie est mon évidence.

Notre couple soudé, lumineux, étonne beaucoup de gens. Comme tout le monde, nous nous disputons sur le linge, les courses, des choses sans importance, mais, dans l'épreuve, nous sommes côte à côte et notre couple n'a pas flanché. On nous dit : « Après ce que vous avez vécu, malgré ce que vous traversez encore, vous êtes ensemble et indissociables. » Je ne vois pas comment il pourrait en être autrement.

*Sophie Moulinas*

Dominique m'a acceptée telle que j'étais alors, avec mes complexes et mon passé douloureux. Et moi, peu à peu, à travers son regard, j'ai appris à me supporter. Après mon DUT, je l'ai rejoint à Nîmes avec l'intention de prolonger mes études. Obligée de cumuler plusieurs emplois, maître d'internat et employée dans une chaîne de fast-food, j'ai vite renoncé à suivre un troisième cycle pour chercher un travail dans mon domaine de compétences, la gestion. Nous avons emménagé dans un bel appartement du Nemausus, un ensemble de logements sociaux tout neufs dessiné par Jean Nouvel. C'était chez nous, nous payions notre loyer, nous étions fiers. Comme nous avions beaucoup de place – 90 mètres carrés ! –, c'est chez nous que les copains se réunissaient. Il y avait de la joie entre nous, autour de nous. Je répète volontairement le pronom « nous » parce que mon « je », ma solitude, me pesait moins, enfin. J'avais plus qu'un fiancé : un ami, un partenaire, un associé pour mon projet de vie, notre projet de vie, car nous l'avons conçu ensemble.

Je n'ai pas caché à Dominique que j'étais passée, enfant, par des épreuves pénibles. Il m'a montré tout de suite, sans hésiter et sans jamais revenir sur sa décision, qu'il était prêt à composer avec mes zones d'ombre. Dans mes rêves de jeune fille, j'avais imaginé rencontrer un homme qui serait à la fois le premier et le dernier. Mon rêve s'est réalisé.

*Dominique Moulinas*

Le passé peut expliquer le présent. Son examen peut permettre d'éclairer les faits quand ceux-ci ont surpris tout le monde. Le 1er août 2010, dans le village du Gard où nous habitions depuis plusieurs années, notre fils Matthieu, alors âgé de seize ans et demi, a violé une camarade d'école. À quel moment a-t-il cessé de la considérer comme une camarade pour faire d'elle sa victime ? À quel moment a-t-il décidé de devenir un violeur ? Il n'a pas été capable de le dire. Dès cette agression, le système judiciaire s'est mis en branle, c'est son rôle, et il a cherché les explications où il pouvait. Dans le passé. Dans nos enfances respectives, à Sophie et à moi, au cours d'une enquête familiale à laquelle nous avons collaboré de façon volontaire, entière, en toute sincérité. À cette occasion, je n'ai rien appris sur Sophie et elle n'a rien appris sur moi non plus. Nous nous étions déjà tout dit, dans l'intimité de notre couple, dans un climat de confiance et de respect. Face aux psychologues, aux travailleurs sociaux, nous avons tout répété sans qu'il nous en coûte. Nous coûtait seulement la souffrance que Matthieu avait imposée à Julie. Notre culpabilité, déjà, avait envahi nos cœurs et nos pensées.

Concernant mon enfance, l'affaire fut vite entendue. Il n'y a pas grand-chose à dire, rien d'inavouable, rien de glorieux, rien de terrible. Mes parents, tous les deux infirmiers psychiatriques dans le Vaucluse, s'entendaient bien, jusqu'au jour où ils ne se sont plus entendus. Ils ont divorcé alors que j'avais sept ans. Ma mère s'est alors mise en ménage avec Hubert, un type bien mais pas un homme capable d'aimer les enfants de sa femme, à l'exception de celui qu'il lui a fait, Hugo. Ils étaient amoureux, certainement, c'était leur affaire. J'imagine que mes deux frères et moi encombrions notre beau-père, il nous l'a fait sentir sans rien nous infliger d'insupportable, pas de coups, pas d'insultes, juste sa personnalité relativement hostile. Vraiment, rien de grave. À la maison, je n'avais pas le droit d'inviter des copains, je composais avec cette interdiction : les parents des autres se montraient plus accueillants, je partageais avec eux de bons moments en famille. Je passais beaucoup de temps avec mon ami d'enfance, Éric, qui ne m'a jamais laissé tomber, même dans les épreuves récentes. Le week-end, je partais chez mon père à Avignon. Je m'accommodais de cette indépendance précoce. J'avais du plaisir à faire du sport, à sortir marcher dans la campagne. Je ne me sentais pas malheureux. Je ne dirais pas que je me refusais le droit d'être malheureux. Ma nature, positive, l'emportait sur le reste. Malheureux, je ne l'étais pas.

À l'âge de quinze ans, ma mère m'a annoncé : « Écoute Dominique, ce n'est pas facile avec Hubert. Ce serait bien que tes frères et toi partiez vivre tout le temps chez votre père désormais. » À l'adolescence, le foyer se résume surtout à une chambre et à un frigo dans lequel on pioche des yaourts. Je n'ai pas pleuré sur les petits-déjeuners façon famille Ricoré que je ne connaîtrais plus : je ne les avais jamais connus. Sans drame, donc, j'ai fait mes bagages et je me suis installé dans la maison de mon père. Ça n'a pas marché, je me sentais déraciné : je n'avais pas ma place chez lui, et ma mère refusait que je revienne. Celle-ci a trouvé une solution : elle a loué pour moi un appartement à L'Isle-sur-Sorgue, près de mon lycée. J'y vivais seul mais mon frère David, interne du lundi au vendredi à Dignes, m'y rejoignait le week-end.

J'étais alors en classe de seconde, que j'ai redoublée d'ailleurs. Ni particulièrement brillant ni en difficulté, j'avais conscience que je devais faire des études. Mes parents ne gagnaient pas des fortunes. Ils n'avaient hérité de rien. Je connaissais la valeur de l'argent, je savais qu'il en fallait, mais j'étais aussi convaincu qu'amasser des millions ne me rendrait pas heureux. L'essentiel était de posséder de quoi vivre, de quoi m'offrir quelques loisirs, un sac de couchage pour aller camper… Je gérais mon linge, mes repas, mes parents assuraient financièrement et, l'été, je glanais quelques sous en accomplissant divers travaux saisonniers, comme de nombreux adolescents bien portants. La situation n'était pas idéale mais pas difficile non plus.

Je ne me sentais toujours pas malheureux. Je ne l'étais pas. Ma mère a fini par quitter Hubert, refermant ce qui, pour moi, avait été une désagréable parenthèse, sans plus. Je ne suis pas retourné vivre avec elle. J'ai eu mon bac D, l'ancien bac scientifique, option Sciences et Vie de la Terre, puis j'ai commencé mes études, toujours indépendant et soutenu à la fois.

J'allais de l'avant. Le regret, la nostalgie, la mélancolie ne m'ont jamais gagné.

De mes aïeux, je ne sais pas grand-chose. Juste l'essentiel : ma lignée est celle de gens simples, des petites bonnes parisiennes troussées par leur patron qui partaient accoucher en toute discrétion dans le Morvan, des ouvriers, des travailleurs, des gens comme je les aime, des battants à qui rien n'est donné au départ et qui font ce qu'ils peuvent pour s'en sortir. Je n'éprouve ni fierté ni honte vis-à-vis d'eux. Pour autant, je ne suis pas du genre à écrire à toutes les paroisses de France pour obtenir les certificats de baptême de mes arrière-arrière-grands-cousins.

Mes grands-parents, je ne les ai pas connus, ou si peu. Lorsqu'elle a eu ses enfants, ma mère avait rompu tout contact avec son père depuis longtemps. Elle ne voulait rien avoir à faire avec lui. Il était devenu pour elle un étranger. Par les conversations qu'elle avait parfois avec ses sœurs en ma présence, je sais vaguement qu'il a fait de la prison pour proxénétisme. Ça ne m'intéressait pas avant que Matthieu commette des crimes, ça ne m'intéresse pas tellement plus aujourd'hui.

Ça n'intéresse que la justice. Monsieur Maury, l'un des deux juges d'instruction de Clermont-Ferrand : « Comment ça, vous n'avez pas parlé de ce grand-père proxénète à votre fils ? » Non, pourquoi l'aurais-je fait ? Je ne l'ai jamais rencontré. Je ne suis pas responsable des choix de cet homme, rien le concernant ne me regarde. Et puis le sujet n'est jamais arrivé sur la table du déjeuner dominical. Je n'ai pas évoqué ce grand-père, je n'en ai pas non plus fait un secret. Inconcevable, selon le juge : « Vous auriez dû en parler à votre fils ! » Mais diable, pourquoi ?

Voici ce que j'ai raconté aux travailleurs sociaux mandatés pour mener l'enquête familiale. Dans leur travail, ils rencontrent bien des personnes qui ont connu des difficultés tellement plus pénibles que les miennes. Ils n'ont pas paru bouleversés par mon récit, et c'est normal parce qu'il n'y avait pas de quoi l'être. J'ai quarante-sept ans. Avec du recul, je me dis que mon enfance ne fut pas parfaite, sans doute, mais que mes parents ne m'ont pas lâché non plus. Aujourd'hui, ils sont vivants tous les deux, en assez bonne santé pour longtemps encore, je l'espère, je les vois l'un et l'autre avec plaisir. J'ai de la chance.

Sophie, elle, en a eu nettement moins et elle continue de porter le poids du malheur qui l'a accablée, petite.

### *Sophie Moulinas*

Ce qu'il reste de mon enfance loge dans une boîte en fer-blanc. Une poignée de photos et quelques feuilles ont remplacé les cigarillos Tomtip Nemrod que fumait mon grand-père. Cette boîte, je la tiens fermée, rangée, et je la garde précieusement. De temps à autre, lorsque je suis seule à la maison, je me sens attirée par elle, alors je la prends, je l'ouvre et j'étale son contenu sur la table de la cuisine. Chaque fois, j'espère y trouver les réponses aux questions qui m'obsèdent depuis toujours. En vain.

Face à la justice, lorsqu'on me l'a demandé, j'ai raconté chacun de mes souvenirs, jusqu'aux plus intimes. J'ai ouvert ma boîte et mon cœur face à des personnes qui n'étaient pour moi que des étrangers. Évoquer mon passé est douloureux, mais j'étais prête à tout endurer dans le cadre de l'enquête. Après ce qui est arrivé, tout ce qui a été dit dans les tribunaux et dans la presse, tout ce qui était vrai et tous les mensonges aussi, il ne me reste plus beaucoup de pudeur.

Les lettres dans la boîte sont signées d'un certain Émile. C'est peut-être mon père. Je pense que c'est mon père, mais je ne peux pas en être sûre parce que je n'ai pas été reconnue à l'état civil : avant d'épouser Dominique, je portais le nom de famille de ma mère. Émile s'adresse à elle, Jeanine, que lui, c'est étrange, prénomme Sandra. Il lui écrit de prison où il est incarcéré, semble-t-il pour une affaire de bagarre en bande, rien de grave : une peine de quelques mois. La première lettre date du 4 décembre 1968, soit dix jours avant ma naissance : « Attends-moi si tu veux, ça, je veux bien », lui écrit-il, ce qui me laisse à penser qu'ils formaient un couple. Elle avait tout juste dix-huit ans, elle était donc mineure à l'époque.

Cet Émile savait qu'elle allait avoir un enfant : « J'espère que ton accouchement se passera bien et que tu seras très bientôt sur pied. Je souhaite que ce soit un garçon, car paraît-il que c'est plus facile à élever. » Il le souhaite pour elle ? Ou pour lui-même ?

Le 20 décembre, six jours après ma naissance, il commente : « Je suis bien content de la description de la petite Sophie. J'étais persuadé, depuis bien longtemps déjà, que tu ne pouvais faire qu'une petite merveille. » Le reste de sa lettre n'apporte qu'une certitude : il ne se sent aucunement responsable de moi. « Tu me parles d'aller à la campagne, moi je suis persuadé qu'il te faut de l'air salin donc l'air de Marseille. Enfin tout ça, c'est tes affaires. » Il termine cette missive sur ces mots : « Sur ce petite maman je t'embrasse bien fort ainsi qu'à Sophie. Ne la bourre pas de gâteaux car elle n'a pas encore l'âge. Pense à moi de temps en temps. Ton Émile. »

Par des recherches sur l'adresse à laquelle cet homme envoyait ces lettres, j'ai découvert que ma mère vivait alors dans un pensionnat, à Marseille. À moins qu'il s'agisse d'une maison de redressement. On m'a souvent dit, lorsque j'étais petite, que j'étais née en prison, et j'en éprouvais un grand sentiment de honte. Mes grands-parents, eux, habitaient à

Martigues. S'agissait-il d'éloigner Jeanine le temps de la grossesse ? Question sans réponse.

Mon grand-père était ouvrier à la BP, dans l'industrie pétrolière sur l'étang de Berre ; il arrondissait ses fins de mois en livrant du poisson, tandis que sa femme s'occupait de leurs enfants. Ma marraine était l'aînée, puis il y eut un petit garçon mort tout jeune d'une pneumonie, puis ma mère Jeanine, née le 2 mai 1950, et cinq autres enfants encore. Je ne sais pas s'il y avait de l'amour dans ce couple et dans cette famille, je n'ai pas vécu assez longtemps parmi eux pour le découvrir. Il est certain que Jeanine les encombrait. Qu'elle leur faisait honte. Elle était la fille impossible qui mentait, qui se comportait mal, qui avait de mauvaises fréquentations. Selon mon grand-père – je l'ai entendu l'assurer à mes différentes familles d'accueil –, elle se prostituait. Ce mot, dont toute petite je n'ai pas saisi le sens, justifiait qu'il la rejette.

De la boîte en fer-blanc, j'extrais une photo de moi, nourrisson. Ma mère, belle brune aux lèvres pleines, me serre contre elle. Elle me regarde avec tendresse, sa bouche est entrouverte, sans doute me parle-t-elle à cet instant. J'observe ce cliché et j'y lis qu'elle s'est occupée de moi après ma venue au monde, son monde, dont je ne sais toujours rien sauf le plus laid.

Après son accouchement, elle est revenue vivre chez ses parents, avec moi. Cela n'a duré que quelques mois, le temps qu'elle tombe enceinte à nouveau : Philippe est né en mars 1970. Encore bébé, j'ai été placée chez une nourrice agréée par la Ddass, et mon frère m'a rejointe deux ans plus tard. Très jeune, j'ai compris que ma mère n'avait fait que me porter dans son ventre et qu'elle ne ferait jamais rien de plus pour moi. C'était ainsi. C'était mon lot, ma croix, mon destin. Je me disais que ça ne faisait rien : pour m'aimer, il y avait ma mémé nounou, ma mémé-Rosalie.

Rapatriée d'Algérie en catastrophe quelques années plus tôt avec son mari déjà vieux, Rosalie ne possédait rien, ou si peu de chose, et finissait d'élever leurs deux enfants déjà grands, Jacques et Danielle, dans le quartier de Marignane. Une date au dos d'une autre photo en atteste : en septembre 1969, je ne marche pas encore et je suis déjà confiée à cette famille d'accueil. Rosalie, alors âgée de cinquante-six ans, a l'air usée.

Ses réserves d'amour, elles, semblent inépuisables. Lorsque je pleure, elle me fait allonger contre elle sur son lit, caresse mes cheveux et m'apaise. Elle me couvre d'affection et moi je m'emplis les narines de son odeur : parce que je l'aime, parce que je la vois vieille et fatiguée, parce que j'ai peur que l'on me prenne à elle. Il est probable que la question ait été abordée en ma présence, peut-être pour me préparer à la séparation, inévitable. En effet, un jour, une femme des services sociaux vient nous chercher,

Philippe et moi. C'est juste après les vacances de la Toussaint, en 1974. Je n'ai pas encore six ans.

L'assistante sociale a entassé toutes nos affaires dans une Méhari. Drôle de véhicule pour transporter des enfants. Il fait beau ce jour-là. J'éprouve la sensation physique d'un déchirement dans le ventre et dans le cœur. La promesse de revoir Rosalie ne signifie rien alors. Une promesse, ce sont des mots, et face à la peur de l'inconnu, à la séparation, à la perte, les mots ne servent à rien.

Nous sommes conduits dans un hameau à l'écart de Marignane, dans une nouvelle maison. Une piscine dans le jardin, des bibliothèques pleines de livres dans le salon, des robes de soirée dans le placard d'Yvonne, des costumes dans l'armoire de son mari... Je pleure et rien ne me console, pas un mot – la plupart du temps, ce couple de Franco-Vietnamiens ne parle pas dans notre langue. D'ailleurs Yvonne déteste tout ce qui se rapporte à notre pays et à notre culture : les communistes, les syndicats, les ouvriers. « Les Français ne se lavent pas. » De moi, très vite, elle dira : « Tu es la fille d'une pute. Tu deviendras une pute comme ta mère. Tu seras grosse et sale comme elle. » Mon petit frère bouge beaucoup, on pourrait même le dire agité. Il y a de quoi. Ma nature est plutôt docile. Je courbe l'échine. Des années durant, j'encaisse les insultes, je compte les jours jusqu'au prochain dimanche chez Rosalie. Alors je m'allonge auprès de ma chère Mémé-Nounou, je m'emplis de son parfum, jusqu'à la fois suivante. Je ne me plains pas, je ne raconte rien : je suis la fille d'une pute.

Yvonne travaille à la maison : elle assure la comptabilité de l'entreprise familiale, une affaire de transport routier. Elle a deux grandes filles qui partent vite pour suivre leurs études ailleurs. Mon frère et moi sommes alors les seuls enfants du foyer. Elle surveille mes devoirs, se fâche s'ils sont mal faits, mais ne m'encourage pas pour autant : « Tu finiras sur le trottoir, comme ta mère. » Fille de pute. Elle me balance ces mots régulièrement, pour un oui pour un non, son comportement confine au harcèlement.

Plusieurs fois par semaine, je m'échappe un moment, le temps d'un coup de fil à Rosalie depuis une cabine téléphonique : je n'ai pas le droit d'utiliser l'appareil de la maison. Parfois aussi, je prends mon vélo : à quelques kilomètres du hameau se situent un village et un cimetière. Seule, sereine, presque heureuse dans ces moments-là, je nettoie les tombes abandonnées.

Dans le foyer spacieux d'Yvonne, bien meublé, bien chauffé, outre le couple, vivent aussi deux oncles. Ils logent dans une caravane au confort sommaire garée au fond du jardin. L'un d'eux est gentil avec moi, il ne me rabaisse pas par des injures, et n'a même que des mots gentils à la bouche. Si j'ai mal compris une leçon de mathématiques, il la reprend avec moi, patiemment. Il me construit une cabane dans le jardin. Lorsque Yvonne et son mari partent en vacances, il nous garde, Philippe et moi. Cet oncle est mystérieux : il fait bouger les tables, il discute avec les esprits, en vietnamien. Un étrange et séduisant personnage.

Puis il me fait ce qu'aucun homme ne doit faire à une fillette. Il s'y prend bien avec le mal : je ne dis pas non, en tout cas pas assez fort pour le dissuader, d'autant que je ne comprends rien à ce qui m'arrive. J'ai neuf ans, personne ne m'aime, sauf Rosalie qui n'est pas là, la Vierge Marie, discrète également, et lui, qui prononce toujours les mots qui rassurent. En quelque sorte, nous avons lui et moi une relation privilégiée. « Il ne faut pas parler, hein, Sophie, c'est notre secret. » Je ne le dénonce pas, je ne me plains toujours pas, de quel droit le ferais-je ? Je suis la fille d'une pute. Par la fenêtre de ma chambre, je regarde les avions qui atterrissent à Marignane. Ma mémé-Rosalie habite là-bas, quasiment en bout de piste.

Lorsque notre mère a été déchue de ses droits parentaux, Philippe et moi avons hérité d'un nouveau statut : pupilles de la nation. Il n'a pas été question d'adoption, par qui que ce soit. Nos grands-parents avaient encore de jeunes enfants à charge, il n'y avait pas, il n'y aurait jamais de place pour nous chez eux. Pour autant, ils nous aimaient bien et ils nous accueillaient de temps à autre. Philippe et moi restions collés à eux autant que possible, nous rêvions l'un comme l'autre de pouvoir rester. Mais la journée se terminait toujours de la même façon : il fallait nous raccompagner chez « la nourrice », et cela enquiquinait tout le monde. Les adultes, engourdis par la chaleur du feu et du vin, le ventre plein, voulaient juste traîner encore un peu, profiter. Alors, prendre la voiture, quelle barbe. Je me sentais de trop. Bien-aimée, à peine, mais pas chérie.

L'attitude de mes grands-parents vis-à-vis de nous, je m'en rends compte aujourd'hui, était ambivalente. D'un côté, ils nous protégeaient de leur fille qu'ils jugeaient néfaste pour nous, de l'autre, ils se servaient de nous pour lui faire payer sa mauvaise vie. Elle débarquait parfois, sûrement pas par hasard, pendant les réunions familiales, créant un embarras terrible. « Tu n'as rien à faire ici, lui disait son père. Tu n'as pas le droit. » Elle ne restait pas longtemps.

Dans ma boîte en fer-blanc, il y a une photo prise chez mes grands-parents : on nous y voit à leurs côtés, Philippe, moi, et aussi le petit Stéphane et notre mère. Stéphane ignorait alors que nous étions issus du même ventre. Elle lui avait dit que nous n'avions pas de parents. Ce n'était pas faux : officiellement, nous n'en avions plus et, vis-à-vis de nous, elle se comportait comme une voisine en visite, elle ne faisait preuve d'aucune attention particulière, elle ne dispensait pas le moindre signe d'affection. Stéphane avait dix-sept ans lorsqu'il a appris la vérité de ma bouche. Il est tombé des nues.

Je resterai chez Yvonne jusqu'à mes dix-sept ans. Parce qu'elle le voulait bien : pour vivre, son mari et elle n'avaient pas besoin de la maigre allocation versée par l'État, l'argent ne constituait pas la motivation nécessaire pour abriter sous leur toit deux rejetons qu'ils n'avaient pas vus naître. Et si mal nés, en plus. Avant de nous accueillir, mon frère et moi, le couple avait déjà reçu d'autres enfants. J'imagine donc qu'Yvonne était généreuse dans le fond. Je présume aussi qu'elle a été affectueuse par moments, mais les chocs ont tout effacé. Pour une simple contrariété, elle laissait exploser sa colère. Elle me donnait l'impression physique de débloquer, elle perdait toute retenue, elle hurlait et ne s'appartenait plus. Je devais être son bouc émissaire puisque mon frère, aujourd'hui, ne garde pas les mêmes souvenirs que moi de cette famille. À moins qu'il ait tout refoulé.

À quatorze ans, je termine le collège avec une seule année de retard et, pour la première fois, je tiens tête à Yvonne : non, je n'irai pas dans une filière d'études professionnelles quelle qu'elle soit, j'irai en seconde générale. Appuyée par l'éducatrice de la Ddass qui me suit, j'obtiens gain de cause. Une première victoire pour moi, en dépit des prédictions d'Yvonne : je finirais peut-être sur le trottoir, mais j'aurais eu mon bac d'abord !

Chaque fois que je retrouvais Rosalie, elle me répétait : « C'est grâce aux études que tu t'en sortiras. » M'en sortir, m'extraire, quitter la fange pour la lumière. Je l'entendais ainsi. L'obscurité logeait en moi par la faute d'Yvonne et de sa famille, je n'étais pas élevée au sens propre du terme, j'étais enfoncée en permanence, dénigrée, dévalorisée, chosifiée. Je sais aujourd'hui que j'ai intégré cet état d'esprit par leur faute, mais, lorsque j'étais enfant, je ne me voyais pas comme une victime. Avec une mère pareille, je méritais mon sort. Elle était, de l'avis de tous les adultes autour de moi, coupable par le sexe. Moi aussi. Jusqu'à l'apparition de mes règles et ma crainte de tomber enceinte, je n'ai pas su dire non.

Ma chère Rosalie a eu la force de vivre assez longtemps pour m'encourager à voler de mes propres ailes. Elle est celle qui m'a le plus aimée lorsque j'étais enfant, je devrais sans doute dire la seule. Elle ignorait tout de mon calvaire parce que je ne lui racontais rien, ou pas assez. Car les enfants s'adaptent à tout, c'est ainsi, surtout lorsqu'ils entendent à longueur de temps qu'ils ne peuvent prétendre à rien de mieux.

Adolescente cependant, j'ai commencé à prendre mon destin en main. J'ai enfin osé parler à mon éducatrice du climat dans lequel nous vivions : les crises d'hystérie d'Yvonne, le racisme anti-Français qui s'exprimait sans retenue dans la famille, les travaux auxquels j'étais contrainte et qui ne relevaient pas de la participation normale aux tâches ménagères. Je n'ai pas parlé de l'oncle. Néanmoins l'assistante sociale de mon lycée et un éducateur ont entendu mes plaintes et ils ont organisé mon « exfiltration » au cours de mon année de première : je suis partie en douce, sans rien, sans dire au revoir. Yvonne aurait piqué une crise terrible si je l'avais prévenue ; elle ne supportait pas que le contrôle des événements – des gens – lui échappe. Chaque fois que je lui ai téléphoné, ensuite, afin de lui expliquer pourquoi j'avais fui de cette manière, elle m'a opposé un silence de mort, pour ensuite me raccrocher au nez. Elle devait se sentir trahie, abandonnée. Je pense qu'elle ne se rendait pas compte de son comportement destructeur. D'ailleurs, je ne m'en suis jamais remise. Le pire, c'est que je ne parviens même pas à lui en vouloir.

Ma dernière année de lycée – j'ai dû redoubler avant d'obtenir un bac B axé sur l'économie –, je l'ai passée en foyer, entourée par une équipe d'éducateurs bienveillants. Là, peu à peu, je me suis apaisée. Malgré la culpabilité qui me rongeait – d'avoir osé partir, d'avoir attendu si longtemps, tout simplement d'être moi –, j'ai ressenti le besoin de m'ouvrir et de me faire aider. Je recherchais constamment un amour maternel que j'associais à l'écoute, la parole, l'échange. Eugénie, mon éducatrice au foyer, qui avait vingt ans de plus que moi, se rendait toujours disponible lorsque j'avais besoin d'elle. Je la voyais comme une maman. Ma maman. Je continuais aussi de rendre visite à Rosalie, elle était heureuse pour moi. Apparemment, je m'en sortais.

Ma vraie mère, celle qui m'a donné la vie, je l'ai rencontrée encore, de temps en temps, par accident, chez ses parents. J'ai tenté de la questionner mais elle ne voulait pas revenir sur le passé. Pas encore : « Quand Pépé et Mémé ne seront plus là, Sophie, je te raconterai tout. » Une assistante sociale est allée consulter mon dossier à Marseille, à la Ddass. Elle m'a avoué ensuite qu'elle y avait lu des choses bien vilaines, mais qu'elle n'avait pas le droit de m'en révéler davantage. Dommage, car connaître la vérité, à cette période où j'avais la force de l'entendre, aurait pu m'aider. Même mes grands-parents, des gens simples, pas fin psychologues, l'ont pressenti : ils m'ont donné la boîte pleine des photos et des lettres adressées à leur fille par un homme dont eux non plus, m'a-t-il semblé, ne savaient rien. « Si ça peut t'être utile », ont-ils suggéré.

Longtemps, je n'ai pas su que faire du contenu de cette boîte. Finalement, elle m'encombrait un peu : je m'étais lancée dans les études et le travail pour gagner ma vie en parallèle – même pupille de la nation, quand on atteint l'âge de vingt et un ans, les aides de l'État s'arrêtent –, j'étais avec Dominique, j'avais des projets, je voulais aller de l'avant. Puis mon grand-père est décédé, alors que j'étais déjà adulte, et j'ai croisé ma mère à la cérémonie. En quelques mots, elle m'a signifié qu'elle éprouvait du regret, qu'elle était prête à tout me dire. Mais j'avais tiré un trait sur mon passé, j'avais perdu toute forme de curiosité. Mes questions, je les avais glissées sous le tapis. Surtout, j'estimais qu'il n'était plus nécessaire d'y répondre, puisque j'avais construit ma vie. Puisque, en gros, désormais, j'allais bien. J'ai expliqué à ma mère que je ne l'appellerais pas, que je ne viendrais pas la voir, mais qu'elle pouvait m'écrire si elle le souhaitait. Je n'ai jamais reçu de sa part la moindre lettre à ranger dans la boîte en fer-blanc.

Je n'ai jamais pensé à porter plainte contre l'oncle vietnamien. Il m'a fait du mal mais il s'est occupé de moi aussi. Je ne sais pas si c'est cela qui l'emporte. Le sentiment de vengeance m'échappe, même dans ce cas-là. Je détesterais faire du mal, même à lui, je ne m'autorise pas à avoir un avis sur les gens – tout le monde a son histoire, ses circonstances. Ou bien peut-être que le pardon est là, en amont du jugement.

De même avec ma mère. Toute ma vie, les psys m'ont dit : « Allez la voir, n'attendez pas qu'il soit trop tard. Exigez d'elle des réponses avant qu'elle disparaisse. » Ils n'entendaient pas que je ne lui accordais pas assez ma confiance pour l'écouter et la croire. Peut-être auraient-ils fini par me convaincre.

Seulement, Matthieu a fait ce qu'il a fait, et je ne suis plus capable de rien.

*Dominique Moulinas*

Sophie voudrait s'enterrer, que personne ne la voie plus. La mort la ronge. Moi, j'ai plus de chance : ça va. Je ne me sens pas dans une phase de destruction. Le malheur est là, il nous a changés, il fait partie de nous désormais, mais je me dis que nous avons deux filles adorables qui méritent des parents forts et unis, assez solides, malgré les épreuves, pour prendre soin d'elles. Je me dis enfin que Matthieu est toujours vivant et qu'il a besoin de nous… Alors, ça va.

# 2

# L'enfant Matthieu

*Sophie Moulinas*

Je l'ai aimé tout de suite. Je me revois en train de le regarder à la maternité, recroquevillé dans mes bras. Je lui parle doucement : « Bonjour Matthieu, c'est maman, je t'aime fort mon bébé. »

Il est né le 30 décembre 1993 à la clinique Pasteur de Nîmes où je travaillais alors, au service de la comptabilité. J'avais tout juste vingt-cinq ans et j'avais adoré être enceinte. Nous avons choisi son prénom très tôt, dès que nous avons su que nous attendions un garçon. Matthieu, avec deux T, comme dans la Bible, qui signifie « don de Dieu ». À l'état civil, nous avons ajouté Marius, parce que nous aimons le Sud et Marcel Pagnol, sa littérature pleine de soleil et de cœur.

Mon fils était solide, presque quatre kilos, mais je le voyais comme un trésor terriblement fragile qu'il m'appartenait de protéger plus que tout. Je voulais l'accueillir comme il le méritait. « Mon bébé, maman t'aime fort, tu sais ? » Je pouvais enfin prononcer ce mot, maman, qui n'était jamais sorti de ma bouche. J'étais, moi, la maman. Les méchantes prédictions d'Yvonne ne s'étaient pas réalisées, je n'étais ni grosse, ni sale, ni prostituée. Je vivais avec une personne qui m'aimait et qui me respectait. J'avais créé mon propre foyer, il y régnait la joie, la douceur, l'optimisme. J'étais maman. Bientôt, je verrais mon enfant assembler ses lèvres pour former des sons, il ferait des « m », des « a », des « an », il me nommerait.

J'éprouvais comme un sentiment de revanche, d'aboutissement, d'accomplissement. Je doutais toujours de bien des choses me concernant, à commencer par ma capacité à rendre Dominique heureux, mais je ne doutais pas une seconde que je saurais apporter l'essentiel à mes enfants : l'amour maternel. Si j'ignorais en quoi consistait mon rôle parce que je n'avais pas eu de modèle, je pouvais me baser sur les contre-modèles qui avaient marqué mon enfance, en l'occurrence ma propre mère et Yvonne. Grâce à elles, je savais ce qu'il ne fallait pas faire. Ne pas abandonner. Ne pas rabaisser. Prendre des décisions justes et s'y tenir. Expliquer ses choix, ne pas négocier, mais s'autoriser les compromis. Écouter, dialoguer et exprimer son amour, quoi qu'il arrive. Être présent, constant, protecteur. Soutenir, éduquer mais surtout élever, c'est-à-dire emmener vers le haut.

Lorsque j'ai repris le travail, Matthieu était gardé par une nourrice, madame Garcia. Puis, quand il a eu un an, nous l'avons confié à la crèche. L'expérience fut de courte durée : un soir je l'ai récupéré couvert d'ecchymoses. Je n'ai jamais su s'il avait été tapé par un plus grand ou s'il s'était cogné parce que personne ne faisait attention à lui, en tout cas, j'ai jugé qu'on s'occupait mal de lui et je l'ai retiré de là tout de suite. J'étais choquée. Rétrospectivement, j'ai eu peur pour lui, mais j'ai réagi, je pense, comme il le fallait, pour son bien.

Nous lui avons trouvé une autre nourrice, Nicole, chez qui il est resté jusqu'à son entrée en maternelle dans le village de Nages-et-Solorgues, entre Nîmes et Montpellier, où nous venions d'emménager. Nous avions fait bâtir une maison en nous limitant au gros œuvre, faute de budget ; Dominique aidé par des amis la finissait peu à peu. Dès le premier jour d'école, madame Lo, l'institutrice de Matthieu, nous a écrit un mot pour nous rassurer : notre fils prenait du plaisir à dessiner et à jouer avec les autres, il parlait bien, faisait preuve d'ouverture, ne paraissait pas stressé du tout.

Nous étions des parents comblés et prêts à agrandir notre petite famille. Malheureusement, j'ai fait une grossesse extra-utérine avec une hémorragie interne assez importante qui m'a replongée dans l'angoisse : alors que je me croyais sortie du malheur grâce à Dominique et à notre petit garçon, la vie venait me rappeler qu'il pouvait encore m'arriver des choses difficiles. La douleur, le sang, la perte.

Cela peut paraître naïf, mais oui, j'ai été surprise. J'étais revenue de si loin, j'avais laissé derrière moi tant de laideur et de souffrance, mes prières avaient été exaucées, et tout à coup je me suis sentie maudite à nouveau. Pendant deux mois, je suis restée à la maison, anémiée et fatiguée. Je faisais la sieste avec Matthieu, je le serrais contre moi, respirais son odeur comme j'avais respiré celle de Rosalie. Lui donner tout mon amour me consolait de la perte du bébé. Matthieu m'avait vue à l'hôpital, avec des perfusions et des fils qui me reliaient à des appareils dans la chambre, nous lui avions expliqué avec des mots simples ce qui venait de se passer. Il avait semblé avoir peur sur le moment, mais il n'en a gardé aucun souvenir.

Est-ce que nous avons mal « géré » cet accident de vie ? Chaque fois que nous évoquons un événement de notre passé aujourd'hui, nous le voyons à travers le prisme de la justice et des tribunaux dans lesquels nous avons été jugés en même temps que Matthieu. Un peu comme si nous l'avions « formé », consciemment ou malgré nous, pour devenir un tueur. Comme si nous étions coupables, de toute façon, quoi que nous ayons fait, pas fait ou mal fait. Nous qui lui avons donné la vie ; lui qui a pris celle d'Agnès.

Pendant ses quatre premières années au moins, Matthieu s'est comporté de façon tout à fait normale.

Il jouait et bougeait beaucoup, je n'ai jamais su dire si ce « beaucoup » voulait dire trop. Lorsqu'il était fatigué, il venait volontiers contre moi pour se régénérer d'un gros câlin. Il se liait sans difficulté avec les autres enfants, notamment Renaud, le petit-fils de sa nourrice Nicole, aujourd'hui brancardier à la clinique où je travaille. Je le croise parfois, je lui dis bonjour en baissant les yeux et file presque en courant, de peur qu'il me demande des nouvelles de Matthieu. Je ne sais pas s'il est au courant. Je souhaite que non. Je décide que non. J'ai tellement honte.

Bien sûr, bientôt, il y aura ce livre…

*Dominique Moulinas*

Les enfants faisaient partie de notre univers commun depuis notre rencontre, en colonie de vacances. Je me sentais à l'aise avec eux, à tel point que j'avais un temps envisagé de devenir instituteur. Mon premier véritable emploi m'a permis de m'investir au service des autres : je travaillais dans une association d'Avignon venant en aide aux sinistrés de Vaison-la-Romaine et menant une action sur le droit au logement et contre le surendettement. Pas directement auprès des enfants, donc, mais avec des répercussions sur des familles tout entières. Je trouvais valorisant de soulager ceux qui vont mal.

Dès que les conditions matérielles ont été réunies, fonder notre propre famille m'est apparu comme une évidence. Sophie et moi nous étions raconté nos enfances, et en avions déduit que nous savions au moins ce qu'il ne fallait pas faire en tant que parents, les erreurs qu'il ne fallait pas commettre, et nous nous sommes sentis assez forts pour nous lancer. Pour de si jeunes parents, on a assuré. Je portais Matthieu dans un sac ventral, on était très modernes !

Avec lui, nous avons continué de vivre comme avant, pendant nos études et les premiers temps de notre vie active, lorsque nous n'étions que deux et que nous ne faisions qu'un. Il nous le permettait parce qu'il était très facile au quotidien : d'abord il a fait ses nuits assez tôt, ensuite il s'endormait partout. On trimballait le lit pliant et la petite chaise haute qu'on fixait aux tables chez les copains. Certains couples étaient parents eux aussi, c'était sympa. Chacun de nous a pu constater que tous les bébés sont mignons, mais qu'on regarde toujours le sien avec un regard différent. Le sien, il est parfait.

Matthieu est devenu ma fierté notamment parce qu'à dix-huit mois il parlait comme un gamin de trois ans. Ensemble, nous avions de vraies conversations qui s'appuyaient sur des phrases très construites et un raisonnement qui évoluait avec logique. Sophie et moi étions très impressionnés, ainsi que les autres parents.

Sophie partageait beaucoup de moments tendres avec Matthieu en lui racontant des histoires, et lui ne se lassait pas de l'écouter. Puis il les racontait à son tour, il les commentait, demandait toujours des explications. Le mot qu'il répétait le plus, je crois, était « pourquoi ». Ainsi, quand notre chatte, Jane B., a eu ses chaleurs et s'est mise à miauler sans cesse dans l'appartement, Matthieu, qui n'avait pas deux ans, m'a demandé pourquoi, des jours durant. Je n'en pouvais plus des miaulements et je n'en pouvais plus des « pourquoi ». Alors j'ai répondu à Matthieu : « Elle pleure parce qu'elle a perdu la raison. » Pendant des heures ensuite, il s'est couché sous le canapé, il s'est glissé dans les placards et derrière les portes pour appeler : « Raison ! Raison ! Où es-tu raison ? » Il était gentil, il voulait aider Jane B…

Très actif physiquement, débrouillard, autonome, il faisait du tricycle dans l'appartement. Lorsqu'il s'arrêtait, c'était toujours pour lire. Si ni Sophie ni moi n'avions le temps de nous asseoir pour lui raconter une histoire, il s'arrangeait. Très vite, il apprenait chaque album par cœur. Petit Tom mangeait des gâteaux que sa maman avait préparés. Notre petit Matthieu passait son doigt sous les mots et prononçait la phrase imprimée avant de tourner la page… Puis il rangeait le livre avec beaucoup de cérémonie et de respect envers l'objet.

*Sophie Moulinas*

Matthieu semble capable de s'adapter à la prison, parce qu'il aime être seul et parce qu'il aime lire des livres.

*Dominique Moulinas*

Il aime aussi contempler la nature, randonner en montagne, en forêt, s'allonger et rouler dans le sable et même dans la neige. Lors de sa première incarcération, en 2010, il me disait : « Ce qui me manque le plus, en prison, c'est l'herbe au printemps. Marcher pieds nus sur l'herbe. »

Il avait fait du mal à Julie, personne ne savait pourquoi, pas même lui, et personne ne pensait qu'il recommencerait. Surtout pas moi. Je lui répondais : « T'inquiète Matthieu, tu marcheras sur l'herbe de nouveau, ta vie n'est pas finie. » Aujourd'hui, quand nous nous rappelons sa petite enfance, ces années que nous décrivons avec nostalgie comme douces et joyeuses, Matthieu jette un voile noir sur nos souvenirs. Il assure qu'il a toujours eu de la violence en lui.

Dès sa seconde année de maternelle, Matthieu a commencé à connaître des problèmes : sa main ne s'entendait pas avec son crayon. À quatre, cinq ans, quel drame… Cela ne nous affolait pas. D'autant qu'à part ça, rien à signaler, sauf du bonheur.

Nous venions d'avoir notre deuxième enfant, Margaux, encore une splendeur, et Matthieu vis-à-vis d'elle semblait plus curieux que jaloux. Il aimait aller à l'école. Il aimait dessiner, et, toujours, raconter des histoires. La richesse de son vocabulaire nous épatait. Il ne se disputait pas avec les autres élèves, il était parfaitement sociable, il ne frappait pas, ne griffait pas, ne mordait pas. D'ailleurs madame Martin, son institutrice, ne s'inquiétait pas plus que nous : « Matthieu est très rêveur, il n'est pas toujours avec nous… Puis il présente des soucis au niveau de la coordination, nous disait-elle, il ne sait pas écrire, il ne sait pas faire des puzzles ni nouer ses lacets. À l'oral, en revanche, formidable ! Soyez vigilants, voyez une orthophoniste, mais pas de panique. »

Notre fils est né à la toute fin décembre. Il était donc toujours le plus jeune de sa classe. D'autres que lui, plus âgés, connaissaient des difficultés à tracer des traits horizontaux, des boucles, à faire des nœuds. Nous avons pensé, tout comme son enseignante, qu'il avait simplement besoin de plus de temps que la plupart de ses camarades. Et puis les chaussures à scratch, c'est pratique.

L'orthophoniste a dit : « Voyons. Peut-être. À suivre. » Il était trop tôt pour diagnostiquer quoi que ce soit. Un enfant ne développe pas son intelligence et ses capacités de façon linéaire, il progresse à son rythme. Certains marchent seuls à un an, d'autres à seize mois, mais au final, dans la cour de l'école, rien ne permet de distinguer celui à qui il a fallu quatre mois supplémentaires pour mettre un pied devant l'autre.

Avec son bon accent gardois, Nicolas, l'instituteur de Matthieu en classe de CP, nous a assuré qu'il n'avait « jamais vu un élève pareil ». Mais il le disait avec bonhomie, avec l'esprit bienveillant qui faisait de lui un bon enseignant. Toute l'année, Matthieu n'a quasiment rien écrit. Tenir un stylo lui demandait trop d'effort. Il en éprouvait même une souffrance physique. Selon Nicolas, rien de bien grave malgré tout. Au mois de juin, notre fils possédait les compétences demandées à la fin du cours préparatoire : il savait lire et écrire, s'il le fallait vraiment.

Sophie et moi nous étions élevés grâce à l'école et aux études, il était primordial pour nous que Matthieu progresse chaque année et qu'il ne connaisse pas l'échec scolaire. Sur le plan du graphisme, ses progrès piétinaient, mais il montrait d'autres capacités et une personnalité tellement sympathique que nous avons gardé l'espoir qu'il devienne un élève performant lui aussi. Objectivement, nous n'avions aucune raison de le perdre. Nous le regardions, nous l'écoutions, nous l'aimions. Nous ne pouvions le comparer à aucun autre puisqu'il était notre premier enfant. Nous nous préoccupions de sa santé et de son évolution, mais nous n'étions pas tellement inquiets. Nous l'avons soutenu, encouragé, forcé à travailler, souvent, nous avons pris autant de rendez-vous que nécessaire chez autant de spécialistes de la santé des enfants qu'on nous en a conseillé, et nous sommes restés fiers de notre garçon et de son imagination fertile.

*Sophie Moulinas*

Il ne savait jamais quel jour de la semaine nous étions, ni quel mois, ni en quelle saison. Il ne se repérait pas parmi les différents membres de notre famille. Entre deux visites de ses oncles, il avait oublié qui était mon frère, qui étaient les frères de son père. Il rechignait à écrire, et je croyais qu'il ne voulait simplement pas faire d'effort. Il m'agaçait.

Dès ses premières années d'école et l'apparition de ses difficultés en motricité fine et en calligraphie, nous avons fondu sur lui. Mon insistance, quand je le faisais travailler, simplement écrire son prénom en lettres attachées par exemple, lui causait une grande souffrance mais je ne m'en rendais pas compte au début. Alors j'y revenais. J'exigeais qu'il accomplisse ces gestes que j'estimais à sa portée. « Mais enfin Matthieu, c'est pas possible, tu sais le faire ! » Je pensais qu'il se moquait de moi, qu'il me refusait la satisfaction de voir mon enfant réussir. On me conseillait de lâcher prise, parce que je ne l'aidais pas tant que ça et parce que notre relation ne reposait plus que sur le travail et l'attente de ses progrès. Je n'y parvenais pas, j'avais trop peur qu'il échoue.

Je m'en veux bien sûr. J'aurais dû l'entourer davantage mais surtout autrement, profiter de lui, partager de bons moments. Maintenant l'enfant qu'il était a disparu. Cet enfant que j'aimais tant, je ne pourrai plus jamais l'embrasser. Je ne pourrai jamais le consoler ni le rassurer. Je ne parviendrai peut-être jamais à le comprendre.

Alors qu'il ne savait pas écrire, ou si mal, Matthieu échafaudait des scénarios qui nous paraissaient très élaborés. Des histoires de bisons, de cow-boys, de navettes spatiales, qu'il décrivait très en détail, comme s'il avait vu un film une heure plus tôt et qu'il nous le racontait sans rien omettre des décors, des costumes, et de la progression de l'action… Ces histoires faisaient de lui un enfant magnifique à écouter. Il parlait d'organiser un barbecue sur la lune. On riait. Puis à l'âge de dix-sept ans, il a brûlé Agnès.

*Dominique Moulinas*

Nous faisions, l'un comme l'autre, ce que nous pensions devoir faire dans l'intérêt de Matthieu. Nous le forcions à travailler parce que nous ignorions encore qu'il ne pouvait pas faire mieux que ce qu'il nous montrait. La réussite scolaire de nos enfants est importante. C'est notre philosophie : nous n'exigeons pas la réussite pour la réussite, mais nous poussons nos enfants vers le haut, à faire du mieux qu'ils peuvent. Tu veux être militaire ? Sois Général ! Essaie au moins…

Moi, fils de babas cool, je ne me suis jamais senti poussé ni encouragé. J'ai pris sur moi et il m'en a coûté. D'ailleurs je ne suis pas allé aussi loin que je l'aurais souhaité dans mes études. J'ai toujours pensé qu'en soutenant nos enfants nous leur donnerions davantage de chances de parvenir à leurs fins. Sophie pense au contraire que c'est dans l'échec et la souffrance que l'on s'élève. Que les enfants qui ont tout dès le départ ne savent pas quel objectif ils doivent poursuivre. Elle a raison, en partie, et nous sommes convenus de les aider dans leurs efforts, à condition qu'ils acceptent de produire des efforts. Matthieu n'a jamais cessé d'essayer.

Nous avons procédé en accord avec nous-mêmes et en opposition avec ce que nous avions vécu. Nous avons agi pour lui, pour son bien. Évidemment, aujourd'hui, nous ne savons plus ce qui était vraiment bien.

Après la fausse couche de Sophie, Matthieu, qui avait trois ans et qui était propre depuis longtemps, a recommencé à faire pipi au lit. Il a rencontré un pédopsychiatre de l'hôpital, a aussi passé des tests de motricité et de QI. Ces examens ont révélé qu'il avait une intelligence dans la normale et quelques difficultés motrices à surveiller.

Des années plus tard, d'autres tests ont permis de déterminer que ces difficultés motrices lui causaient une grande fatigue et l'empêchaient de se concentrer durablement. Pour accomplir une tâche qui pouvait paraître simple à un autre enfant, il devait mobiliser toute son attention et toute son énergie, il s'épuisait donc assez vite. Nous avons commencé à penser qu'il souffrait de dyslexie et peut-être aussi d'autres troubles commençant par « dys », sans être capables de les identifier nous-mêmes.

Malgré leurs diplômes et leurs compétences, les psys et les orthophonistes avaient du mal à poser un diagnostic précis. Encore une fois, sa date de naissance a joué : Matthieu n'avait que sept ans et demi en fin de CE1, il était toujours aussi souriant, heureux, rêveur, lumineux, son cerveau avait encore le temps de mettre les bons schémas en place. Rien n'était perdu sur le plan scolaire, d'autant qu'il était surveillé – par ses parents – et bien suivi par tous les spécialistes que le Languedoc comptait…

La question de son redoublement s'est alors posée. Son institutrice de CE1, proche de la retraite, elle-même bien fatiguée sans doute, ne s'embarrassait pas des cas particuliers. « Il est tout le temps dans la lune, on se demande pourquoi il vient en classe. » Elle était du genre à frictionner les oreilles si le travail était mal fait, elle ne cherchait pas plus loin. Elle a jugé que Matthieu n'avait pas le niveau conforme à ses attentes. Nous avons demandé l'avis d'une pédopsychiatre de Nîmes qui a estimé que, en effet, reprendre une année pourrait être profitable à notre fils. Elle n'a pas creusé plus profond que les autres. Qu'il redouble, on verra bien...

Nos parents avaient privilégié leur vie personnelle plutôt que leurs enfants, nous ne laisserions pas tomber notre fils. Pendant cette deuxième année de CE1, Sophie s'est dégagée de la relation conflictuelle qu'elle entretenait avec Matthieu autour des devoirs en confiant à une tierce personne le soin d'aider notre fils. Geneviève, une habitante de notre village, ancienne infirmière, d'une patience infinie avec les enfants, a pris les choses en main deux soirs par semaine. Si nous restions très inquiets à propos du parcours scolaire de Matthieu, nous nous arrangions pour qu'il ne le sente pas trop. Au contraire, quand il racontait de belles histoires, nous ne cachions pas notre émerveillement. De notre amour inconditionnel, nous voulions faire le terreau dans lequel sa confiance germerait et l'aiderait à grandir droit et fort.

En CE2 Matthieu ne savait pas suivre une ligne en écrivant, ni tracer un cercle avec un compas, ni un trait droit. Pour nous, une seule réaction possible : « Vraiment ? Tu n'es pas capable de positionner ta règle sous le mot qu'il faut souligner ? » Il plaçait toujours ses mains dans des positions inadéquates, imprimait des torsions étranges à ses poignets. S'il essayait de gommer un mot écrit au crayon de papier, il chiffonnait systématiquement toute la feuille. Des connexions dans son cerveau ne se faisaient pas, et nous l'ignorions.

Aucun pédopsychiatre, psychologue, orthophoniste, instituteur, aucun professionnel de l'enfance ne nous a expliqué, alors, qu'il éprouvait certaines difficultés plus fortes que sa volonté. On nous disait : « Il est un peu ceci, un peu cela, mais pas vraiment, pas complètement. » Alors on le replaçait face à l'épreuve, sans relâche, convaincus qu'il pourrait la traverser et en sortir victorieux. À chaque fois, il échouait. Comme nous ne comprenions pas, nous nous fâchions et nous l'envoyions dans sa chambre un moment. Bien sûr, le problème demeurait entier.

Pendant toutes ces années, personne n'a vu ce dont souffrait Matthieu. Personne, même, n'a vu qu'il souffrait ! Il avait des problèmes avec l'écrit, mais il suivait les raisonnements, il comprenait les concepts, il exprimait sa créativité et nous l'encouragions en ce sens : nous trouvions préférable d'avoir un enfant qui rêve et se raconte des histoires de soucoupes volantes plutôt que de compter sa monnaie. Nous étions fiers qu'il ait tant d'imagination. Il bâtissait des scénarios qui n'avaient rien d'effrayant, bien au contraire. Il était plein de joie et de poésie. Il ne s'en prenait à personne.

Son affaire de barbecue sur la lune n'impliquait que des chipolatas. Elle était construite sur une réalité dont il avait pris conscience en regardant un documentaire à la télévision : les hommes en mission sur la lune, les pauvres, ne se nourrissaient que de barquettes de nourriture lyophilisée ! Matthieu se rêvait cosmonaute, mais il devait d'abord résoudre le problème alimentaire avec lequel il ne voulait pas composer : sur l'astre, il exigeait de pouvoir manger des saucisses et des frites ! À quelque trois cent mille kilomètres de son jardin, les repas partagés avec les collègues n'en seraient que plus conviviaux. Des histoires comme celle-là, Matthieu en a inventé des centaines. Pour la plupart, nous les avons oubliées. Celle-ci résonne encore en nous parce qu'il a brûlé le corps d'Agnès.

*Sophie Moulinas*

Il était malade, on ne l'a pas vu. Mais enfin… Nous ne sommes pas médecins.

Je me souviens d'une femme, professeure neuropédiatre au CHU de Montpellier, que nous sommes allés consulter. Je revois Matthieu, sept ans, face à elle dans son bureau, même pas impressionné par sa blouse ni par la présence des gens autour d'elle, des internes à qui elle communiquait sa science… Bien sûr, il avait déjà l'habitude des médecins et des examens en tout genre. Ce jour-là, comme à chaque fois, il a accepté les tests, il a coopéré. Il a fait les dessins qu'elle lui a demandés, il a écrit les mots qu'elle lui a dictés ; la séance a duré un quart d'heure en tout et pour tout. Puis elle a rempli une ordonnance et me l'a tendue : « Votre fils présente une hyperactivité cérébrale. Je lui prescris de la Ritaline. »

Nous étions abasourdis. Nous avions un enfant lent et rêveur, et cette personne, sur la base de quelques gribouillis, voulait lui faire prendre une drogue proche des amphétamines. De retour à la maison, nous avons pris des renseignements plus précis sur ce produit et ses possibles effets indésirables. Dépression grave, addiction, insomnie, maux de tête… Nous avons rangé l'ordonnance dans un tiroir.

*Dominique Moulinas*

Le mot « dyspraxie » a été prononcé lorsque Matthieu était en CM1. Le médecin scolaire qui le suivait depuis la maternelle nous a convoqués et nous a annoncé ceci : « Votre fils est dyspraxique. Tracer un trait à la règle ce ne sera jamais possible pour lui sans nécessiter de sa part une concentration extrême et semblable à celle que nous avons tous mobilisée le premier jour où nous avons utilisé une règle. »

Il est aussi question de dyslexie – difficulté d'apprentissage de la lecture et de l'orthographe – et de dysorthographie – trouble du langage écrit et scolaire. Ce jour-là, entendre le nom d'une maladie, un diagnostic posé avec certitude par une personne qui a passé beaucoup de temps à observer Matthieu et qui a identifié chez lui autre chose qu'une simple propension à la rêverie, nous soulage. Enfin nous savons de quoi souffre notre fils, ce qui ne fonctionne pas chez lui et pourquoi il est inutile d'insister : il ne saura jamais nouer ses lacets. Enfin, nous pouvons agir en connaissance de cause, en l'occurrence auprès des enseignants, afin de les prévenir : « Matthieu ne sait pas et ne peut pas rester concentré pendant quarante-cinq minutes, ni tracer un trait, ni lire à voix haute. Merci d'en tenir compte. »

Connaître son handicap nous rend alors d'autant plus admiratifs de ses progrès. Il écrit mal, certes, mais il écrit. En CM1 et en CM2, Matthieu a des institutrices compréhensives qui n'évaluent pas la propreté de ses copies, ni l'orthographe, mais seulement la compétence, or celle-ci est toujours acquise parce qu'il travaille pour compenser son handicap, et parce qu'il n'est pas plus bête qu'un autre. Dans la foulée, avant son entrée au collège, on nous propose de mettre en place un PAI, un Projet d'accueil individualisé, comme il en existe par exemple pour les enfants qui souffrent d'allergies alimentaires, parce qu'ils ne peuvent et ne doivent pas manger comme les autres élèves à la cantine. Dans le cas de Matthieu, la prise en charge consiste à lui accorder du temps supplémentaire pour faire les devoirs en classe, et à mettre à sa disposition un ordinateur fourni par la MDPH, la

Maison départementale des personnes handicapées, afin qu'il puisse rendre des copies propres. Nous l'équipons et nous passons l'été à lui donner des cours de frappe…

Dès la rentrée, j'accompagne le médecin scolaire qui a posé le diagnostic à la rencontre des enseignants de Matthieu. Il doit leur expliquer ce que leur nouvel élève est « empêché » de faire et quelles difficultés il rencontre en permanence : « Trouver la bonne page dans un cahier va lui prendre un quart d'heure. Si vous ne l'aidez pas, il va paniquer et il écrira donc n'importe où il trouvera un trou. Même problème pour noter les devoirs dans son agenda : il ne peut pas trouver tout seul la page de la date que vous demanderez, à vous de le faire à sa place. »

Certains professeurs opinent du chef et nous assurent de leur bonne coopération, d'autres ne cachent pas leur scepticisme. Le médecin et moi ne nous privons pas de leur rappeler la loi sur la compensation du handicap votée le 11 février 2005, laquelle implique des mesures individuelles rétablissant l'égalité des droits et des chances. Notre message est aussi clair que ferme, parce qu'il est nécessaire dans l'intérêt de Matthieu : merci de respecter la loi et de faire votre travail, messieurs-dames.

Toute sa scolarité durant, j'ai été obligé d'intervenir auprès d'enseignants convaincus que Matthieu jouait la comédie. S'il revenait du collège avec une copie manuscrite notée 12 sur 20, moins trois points à cause de la mauvaise présentation, je prenais rendez-vous avec le prof. « Rendez-lui ses trois points parce ce que les lui enlever est injuste. Parce qu'il est dyspraxique et que ce handicap le rend incapable de vous rendre une copie propre. Évaluez-le sur la connaissance et la compétence uniquement, donnez-lui une mauvaise note si les notions ne sont pas acquises, mais tenez-vous-en là. »

J'étais devenu enseignant moi-même. Recruté par l'Éducation nationale en 2001, j'avais occupé pendant un an le poste de professeur de biotechnologies option santé-environnement au Lycée de La Camargue, à Nîmes, puis, essentiellement, de sciences sociales auprès d'adultes en reconversion. Comme je me permettais de faire la leçon à mes confrères et consœurs du collège de Mathieu, beaucoup d'entre eux n'appréciaient pas. Je me moquais bien qu'ils me trouvent sympathique. La seule chose qui m'importait était que mon fils aille aussi loin dans les études qu'il en était capable, selon ses atouts et ses faiblesses, et qu'il ne dérange pas les autres.

En l'occurrence, il ne posait pas de problème de discipline. Si son attention se relâchait, il rêvait mais il ne mettait pas le bazar dans la classe. Une fois, une seule, il a écopé d'une heure de retenue parce qu'il avait catapulté des boulettes de papier collant au plafond. Prévenu par le collège, je m'étais permis de donner mon opinion à propos de la sanction : « Plutôt que de bayer aux corneilles pendant une heure, je préférerais qu'il nettoie lui-même le plafond qu'il a sali. Il prendra conscience de son manque de respect vis-à-vis des agents d'entretien qui réparent les bêtises des gamins comme lui. » J'ai été entendu : Matthieu a passé tout un mercredi après-midi à ramasser les papiers et à décoller les chewing-gums sous les tables. Il n'a pas aimé du tout. Et il a remisé sa catapulte au fond de son cartable.

Finalement, il n'a donc redoublé qu'une seule classe, le CE1. Il est entré au lycée en seconde générale, en a profité pour découvrir « la grande ville », Nîmes, et des jeunes gens plus débrouillards que lui. Il lui arrivait de sécher un cours pour courir à l'autre bout de la cité retrouver sa petite amie, scolarisée dans un autre établissement. À notre connaissance, il ne faisait rien de plus méchant que cela. S'il sortait le soir, il rentrait à l'heure demandée. S'il jouait trop longtemps sur l'ordinateur familial et que nous lui demandions d'arrêter, il ramenait aussitôt le portable de sa chambre au salon, sans broncher. Au second trimestre, quand nous nous sommes entendu dire par son professeur principal qu'il ne fichait pas grand-chose, nous l'avons encouragé à se reprendre et, à la fin de l'année, il a pu continuer son cursus vers un bac STI (sciences et techniques de l'industrie).

Matthieu s'était organisé un mode de fonctionnement dans son désordre à lui, j'aurais bien été incapable de relire ses cahiers mais lui y parvenait, c'était l'essentiel. J'avais parlé de ses difficultés à sa petite amie, une très bonne élève, qui m'avait répondu gentiment qu'elle était « capable de réfléchir pour deux ». Ils formaient un joli petit couple d'adolescents.

À l'été 2010, nous vivions avec un garçon qui nous paraissait à la fois aussi pénible et aussi sympathique qu'on peut l'être à seize ans. Il avait une petite amie et des copains, il faisait la fête avec eux, il ne buvait pas d'alcool en excès. Il piquait des colères en accord avec sa personnalité depuis toujours : elles se limitaient à quelques coups de gueule et une heure de bouderie. Il ne rejetait pas ses parents, au contraire : il prenait plaisir à partager des moments avec nous, au cours des repas, lors de promenades ou de sorties chez des amis. Il se chamaillait avec Margaux comme tous les frères et sœurs se chamaillent, lorsque chacun veut avoir le dernier mot et qu'aucun des deux n'estime devoir céder. Il n'a jamais eu le moindre geste violent vis-à-vis d'elle ni vis-à-vis de nous. Il adorait sa sœur cadette, Zélie, née en novembre 2004 alors qu'il était élève de sixième. Il la portait sur ses épaules lorsqu'elle était fatiguée de marcher, et ne se montrait ni jaloux ni possessif. Bref, il tenait sa place de grand frère.

Tout ce qu'il était et ce qu'il faisait de « moins bien », afficher un look un peu grunge, négligé et pas très propre, fumer des joints de temps en temps, regarder des films porno, des films d'horreur, jouer à des jeux vidéo, ne m'inquiétait pas parce qu'il s'agit d'activités et de curiosités banales chez un adolescent, quels que soient le milieu social et l'environnement dans lequel il grandit.

Jusqu'à cet été 2010, j'étais terriblement fier de Matthieu.

*Sophie Moulinas*

Dominique et moi avons toujours fait en sorte de prendre les décisions importantes ensemble. En revanche, nous ne partageons pas toujours le même avis sur tous les sujets. Ce que mon mari appelle des attirances banales d'adolescent me gênait de la part de Matthieu : le sexe laid de la pornographie, le sexe que je n'associe jamais à l'amour de toute façon, cela m'est impossible. Je ne l'ai pas dit face à Matthieu, ou pas assez fermement, pas assez fort. On ne se refait pas : lorsqu'on doute de soi, c'est pour la vie.

J'avais gardé mon secret parce que je ne voulais pas choquer mes enfants. Parce que j'avais honte aussi. Mais bien sûr, dès cet été 2010, je me suis demandé si je n'aurais pas dû en parler. S'il avait connu les meurtrissures de mon enfance, Matthieu n'aurait peut-être pas fait ce qu'il a fait, et que j'ai encore tellement de mal à nommer.

Il me coûte de dire et d'écrire dans une même phrase le prénom de mon fils et le mot « crime ». Je le fais par respect pour les victimes, pour leur signifier que je reconnais leur souffrance et que je n'excuse pas Matthieu. Je ne veux pas me cacher derrière des métaphores. Ce qu'il a fait doit être appelé par son nom, bien sûr, un viol est un viol. Mais comme il me coûte de le dire et de l'écrire... Je me suis regardée dans un miroir, et j'ai vu que mes lèvres, quand elles prononcent des horreurs, se déforment. Je sais que mon visage, lorsque je me souviens de ce qui m'a fait mal, grimace. J'ai honte de tout, et même d'être devenue laide.

Sur les photos de famille, avant, je souriais, j'avais l'air heureuse. Je n'ouvrais que rarement la boîte en fer-blanc, je ne dépliais pas les lettres, je ne cherchais plus à percer le mystère de mes origines dans la calligraphie de leur auteur, je ne fantasmais plus sur un père possible ni sur une autre mère. J'étais, moi, Sophie, une mère épanouie auprès de mes enfants. Je mettais tout mon cœur à les nourrir de mon amour, à les protéger, à leur créer de bons souvenirs. Matthieu, Margaux, Zélie, une belle fratrie d'enfants blonds aux yeux clairs. Des enfants imparfaits, comme les autres, mais pour moi merveilleux, dont je surveillais l'appétit, la croissance et les notes et à qui je pardonnais les faiblesses et les échecs… Les accabler de reproches, je le sais bien, ne les aurait pas aidés.

Au fil des années, Matthieu s'est éloigné de moi pour se rapprocher de son père, sans doute à cause de mes crispations répétées sur son travail scolaire, avant que je comprenne que je devais le laisser tranquille. Je me suis sentie abandonnée alors, ce qui relève bien sûr d'un complexe lié à un traumatisme constitutif de ma personnalité. Je restais néanmoins la mère de mon fils, toujours aussi présente pour lui, aussi aimante, et lui n'oubliait jamais de me gâter le jour de la fête des Mères.

*Dominique Moulinas*

Matthieu s'est rapproché de moi parce que nous aimions partager les mêmes activités : nous promener à vélo, marcher dans la neige… On était entre garçons. Lorsqu'il me voyait sortir un pot de peinture et la caisse à outils, il attrapait un marteau pour taper sur des cailloux. Cuisiner une ratatouille ne l'intéressait pas. Il n'a pas délaissé Sophie, il a juste grandi.

## *L'enfant Matthieu*

*Sophie Moulinas*

Le premier crime de Matthieu, puis le second un an et quatre mois plus tard ont quasiment effacé toutes les images tendres que j'avais conservées de lui entre ses six et ses seize ans. Je ne sais même pas si je l'ai beaucoup serré dans mes bras, ces années-là. Après Margaux, j'ai perdu un enfant à cinq mois de grossesse, puis j'ai été enceinte de Zélie et j'ai tremblé à l'idée de la perdre elle aussi. Le reste est devenu flou alors je me force à rassembler des images, pour qu'elles ne s'effacent pas complètement.

Je me souviens de mon fils tapant sur des cailloux avec un marteau, à côté de son père qu'il suivait partout et qu'il adorait comme un dieu. Je me revois marchant derrière Dominique et Matthieu, à Nîmes, peu avant son entrée en seconde. Je me souviens que j'éprouvais une sensation d'accomplissement, comme le jour de sa naissance. Je pensais : « Mon fils va bientôt connaître l'amour, les études... » Mais non. Et me voilà hantée par l'image du Matthieu laid que les gens des tribunaux ont jugé. Moi qui l'avais toujours trouvé tellement beau, je l'ai vu laid à travers leurs yeux.

La culpabilité loge en moi depuis ma plus tendre enfance, depuis ma mère, Yvonne et sa famille, et malgré l'amour de Dominique. Je n'ai pas besoin que les juges, les médias et les proches des victimes me regardent avec dégoût pour me sentir coupable de ce que Matthieu a fait à Julie en août 2010. Depuis, tout est redevenu laid.

# 3

## Le premier crime de Matthieu

*Dominique Moulinas*

La veille du premier crime, nous préparons activement notre départ en vacances. En cet été 2010, notre maison de Nages-et-Solorgues est quasiment terminée : nous avons encore le vague projet d'ajouter une salle de bains à l'étage, mais tout le reste nous convient, nous sommes bien installés. Sophie et moi venons juste de passer le cap de la quarantaine avec un sentiment de plénitude. Nous avons trois enfants âgés de seize, onze et cinq ans, de nombreux amis dans notre village, un emploi et une vie sociale qui nous comble : Sophie fait partie du conseil municipal et nous sommes tous deux bénévoles au sein de l'association culturelle.

Avec Martine, notre chère amie Martine, comptable dans le milieu du théâtre, et de nombreux autres

Nageois ouverts aux arts et au rire, nous organisons la venue de compagnies artistiques et diverses manifestations accessibles aux familles, des plus jeunes aux plus vieux. Réunir les gens nous procure beaucoup de plaisir. Nous sommes dans la vie. Nous ne sommes pas bien riches, mais assez pour nous loger, nous nourrir, nous soigner. Nous n'en demandons pas plus. Nous ne craignons rien sinon les périls ordinaires susceptibles de nous frapper comme ils frappent tout un chacun : une jambe dans le plâtre, une gouttière qui fuit, le chômage, la maladie au pire. Nous n'y pensons pas, à quoi bon.

En cet été 2010, la vie est belle, c'est tant mieux.

*Sophie Moulinas*

La veille du premier crime, ma voisine, maman d'un garçon adolescent, passe discuter un moment avec moi. Elle râle un peu contre son fils. « Il faut toujours que je fasse le taxi pour lui. Je l'emmène ici, je vais le chercher là… Quelle fatigue ! »

Mon Matthieu se déplace à vélo avec sa casquette « anarchie » sur la tête et un gilet de sécurité jaune fluo sur le dos – il le porte parce que je le lui ai demandé, pour me rassurer, il se moque du regard des autres ados. Je réconforte ma voisine : « Au moins, tant que ton fils se trouve avec toi, il est en sécurité. »

Plus tard, je fais monter les filles dans la voiture : nous allons passer l'après-midi chez une cousine à

Martigues, nous y passerons la nuit et rentrerons à temps, demain, pour boucler nos valises. Matthieu reste à Nages avec Dominique.

*Dominique Moulinas*

La veille du premier crime, je suis invité à dîner chez Patrick et Frédérique, les amis avec qui nous devons partir dans le Morvan lundi matin aux aurores. Nous bouclons les préparatifs pour notre séjour dans une maison de famille. Il est prévu que j'aille récupérer les clés chez ma tante Jocelyne dans le Vaucluse, demain dimanche. J'en profiterai pour déballer et monter un meuble en kit qui encombre son salon depuis trop longtemps et je serai de retour dans l'après-midi.

Nous nous réjouissons tous de notre séjour dans le Morvan. Nos deux couples s'entendent à merveille, et les enfants tout autant : Simon a le même âge que Matthieu tandis qu'Ève est proche de Margaux. Promenades, visites culturelles, bons petits plats et détente figurent au programme. Rien de plus, puisqu'il n'existe rien de mieux.

Pendant le dîner, Matthieu me demande l'autorisation de finir la soirée à Calvisson, chez des copains de son âge, Adrien et Thomas. Il dormira chez eux. Je connais bien cette famille, je donne mon accord avec cette réserve toutefois : « Attention, essaie d'être à la maison demain vers quatre heures. Tu m'aideras à installer les supports pour les vélos sur la voiture. » Il acquiesce, et salut.

Ce dimanche 1er août, le jour du premier crime, je rentre du Vaucluse en milieu d'après-midi et je trouve notre maison verrouillée comme il se doit, portes, fenêtres et volets. Je la trouve vide aussi, puisque Matthieu n'y est pas. En revanche, tout est allumé – les lumières dans le salon et la plupart des pièces, la télévision –, la chasse d'eau n'a pas été tirée… Je nettoie, j'éteins ce qui doit l'être, je peste et je m'étonne à la fois : ces « oublis » ne ressemblent pas à Matthieu. Puis je vais dans le garage et j'en sors les fameux supports pour les VTT afin de commencer à les fixer à l'arrière de la voiture.

Sophie et les filles rentrent de Martigues alors que je m'attelle déjà au montage. Elles montent rapidement dans les chambres remplir les valises. Arrive enfin Matthieu, son gilet jaune fluo sur le dos, accompagné de Paul, un autre copain. Je fais la leçon à mon fils : « Enfin quoi, les lumières allumées partout, n'importe quoi ! Tu sais ce que ça coûte l'électricité ? Et ce que ça coûte à la planète aussi ? Le réchauffement climatique, tu en as entendu parler ? » Il s'excuse mollement, je l'écoute à peine, j'ai à faire. Je serre les boulons des porte-vélos ; les garçons restent à mes côtés, prêts à aider.

Il s'écoule moins d'un quart d'heure avant que trois véhicules de gendarmerie pénètrent dans notre rue et se garent devant notre portail. Je pose les outils que je tiens dans la main. Durant les quelques secondes nécessaires aux gendarmes pour s'extraire de leurs voitures et venir vers moi, je pense aussitôt : connerie de gamin, cambriolage, histoire de shit. C'est un temps extrêmement court sur le cadran de la montre, pas assez long pour que j'interroge Matthieu, mais suffisant à mon imagination pour dérouler plusieurs hypothèses.

Matthieu ne bouge pas. S'il blêmit, s'il recule, je ne le vois pas. Ou je ne m'en souviens pas aujourd'hui.

Les gendarmes me demandent si je suis bien Dominique Moulinas. Oui. « Le garçon qui est là est votre fils, Matthieu ? » En effet. J'attends la suite. Deux hommes encadrent déjà Matthieu tandis que deux autres emmènent Paul à l'écart et commencent à lui poser des questions. Je ne les entends pas mais je les vois prendre des notes dans un carnet, pendant que je demande, moi, ce qui se passe. Puis on évoque avec moi mon emploi du temps des vingt-quatre dernières heures, et celui de Matthieu.

Je n'obtiens pas de réponse à ma question, pas tout de suite, pas clairement, et je ressens une impatience mêlée de crainte. Mon cerveau voudrait tout comprendre mais il a du mal à absorber les messages. Il est probable que je panique un peu.

Trois véhicules de gendarmes chez moi, tout de même. Pour une simple « connerie de gamin », j'aurais juste été appelé…

Sophie est sortie de la maison, elle se tient là, près de nous. Les filles se sont approchées, cela fait beaucoup de monde devant la maison, notre voiture, les porte-VTT. Paul est raccompagné jusqu'à son vélo et encouragé à rentrer chez lui. Je le regarde s'éloigner, je me dis qu'il n'est donc pas concerné, que c'est bien de Matthieu qu'il s'agit, de Matthieu seul.

Deux femmes en uniforme demandent avec douceur à Sophie, Margaux et Zélie de les accompagner un peu plus loin, dans le jardin, à l'ombre. À bonne distance pour qu'elles ne puissent pas entendre ce que leurs collègues lancent à Matthieu, et que j'entends bien, moi : « On est là par rapport à ce que tu as fait à Julie. Tu sais que c'est très grave. » Mon fils baisse la tête. J'interviens : « Quoi ? Qu'est-ce qu'il a fait ? Qu'est-ce que tu as fait Matthieu ? »

Un gendarme, plein de gêne, compatissant, l'air de dire qu'il n'est pas censé m'informer mais qu'il est sensible à mon désarroi, m'explique enfin : « Visiblement votre fils aurait violé Julie. » Julie a le même âge que Matthieu, elle habite dans notre village, nous la connaissons bien. « On va perquisitionner la maison. Restez avec nous. » Je regarde Matthieu. Il se tient là, silencieux, le regard orienté vers le sol. Et je comprends que le gendarme dit vrai.

### *Sophie Moulinas*

La veille du premier crime, je n'ai pas demandé à Matthieu de nous accompagner chez ma cousine. Aux réunions de famille, les adolescents préfèrent les soirées entre copains, d'autant que ce jour était le dernier qu'il pouvait passer avec eux avant qu'on parte en vacances pour deux semaines. Je n'ai même pas eu l'idée de lui proposer de venir.

Je me souviens bien de la veille de ce jour, des chansons que les filles et moi avons écoutées dans la voiture, et même de la robe que je portais. Je me souviens de la route du retour, il faisait chaud. Je ne sais plus ce que j'ai entendu et compris exactement, ensuite, au fond du jardin. Mais je nous revois en larmes, Margaux, Zélie et moi, et je me rappelle le regard effaré de Dominique qui rentre dans la maison, accompagné des gendarmes et de Matthieu dont les hommes en bleu ne s'écartaient pas.

J'ai pourtant dû savoir, tout, tout de suite, quand même, puisque je m'entends expliquer à Zélie, ma petite puce de cinq ans : « Les gendarmes sont là parce que Matthieu a fait du mal à Julie. »

### *Dominique Moulinas*

Je savais mon fils capable de mentir. Lorsque je le prenais en flagrant délit, j'employais le mot

« pipeauter ». Cela arrivait quand il séchait un cours, par exemple. J'étais prévenu par le lycée qui ne l'avait pas vu s'asseoir en classe après la pause-déjeuner, je l'appelais sur son portable et il me sortait un bobard qui ne tenait pas la route. « Arrête ton pipeau, Matthieu, j'y crois pas une seconde ! » Il n'insistait pas longtemps.

Ce jour-là, face aux gendarmes, sans attendre, je préviens Matthieu : « Tu racontes ce que tu as fait. Pas de mensonges, OK ? Que la vérité. C'est trop grave. Tu dis tout. » Il acquiesce. « Oui papa. »

Il n'ajoute rien. Il ne me regarde pas, pas plus qu'il ne regarde les gendarmes, il baisse la tête, l'air ennuyé par la situation. Je ne suis pas sûr qu'il comprenne réellement ce qu'un crime comme le viol implique pour lui. Pour Julie, la souffrance physique et morale, l'humiliation, le traumatisme à vie, je n'y pense pas encore. Mais je vais bientôt prendre conscience de tout ça en suivant les gendarmes et Matthieu.

Ils lui demandent : « Où as-tu mis le couteau ? » Il répond sans sourciller : « Dans la cuisine. — Montre-nous. » Ils se rendent dans la cuisine, Matthieu ouvre un tiroir, prend un couteau de cuisine Ikea et le tend aux gendarmes. L'un d'eux s'en saisit d'une main gantée de caoutchouc fin, comme dans les films, et le glisse dans un sachet. Mon fils a donc violé sous la menace d'une arme blanche – le couteau qui nous sert à trancher les tomates.

Matthieu étant mineur, les gendarmes me demandent de l'accompagner partout dans la maison. Ils cherchent tous les objets que Julie a décrits au moment de déposer sa plainte, notamment un sac à dos, un paquet de cigarettes, et les lacets avec lesquels Matthieu l'a attachée. Il répond à chaque question, c'est un suspect qui coopère, et déjà un coupable à mes yeux, puisqu'il avoue tout, spontanément mais sans manifester émotion ni regret. Les lacets qu'il tend aux gendarmes, je les reconnais, très larges et plats, ils étaient fournis en plus avec ses baskets de skateur commandées sur Internet, et n'avaient jamais servi. Comme Matthieu ne sait pas faire des nœuds – une des conséquences de sa dyspraxie –, il ne les attache jamais : il les serre plus ou moins et les fourre dans ses chaussures. Ceux-là, trop gros, étaient restés dans la boîte.

Matthieu aurait donc réussi à attacher Julie malgré tout. Il aurait fait des nœuds autour de ses poignets, ou de ses chevilles, je n'en sais rien. Cette nouvelle, invraisemblable, ajoute au malaise que j'éprouve, mais je ne suis pas encore capable de réfléchir posément, de mettre les bons éléments dans une balance. Tout me tombe sur le dos, en masse, la violence qu'a exprimée notre fils sur cette gamine que je connais, un vrai rayon de soleil cette enfant, le couteau, les liens, le viol. Des actes sans aucune cohérence avec le garçon que je connais depuis seize ans et demi.

Pour l'heure, une armée de gendarmes – six ou sept, mais sur le moment j'ai l'impression qu'ils sont vingt – se répand dans chaque pièce de ma maison. Ils sont pères et mères aussi, ils voient bien que le drame qui se joue sous leurs yeux survient dans une famille tout à fait ordinaire, ces Moulinas qui leur ressemblent. Ils voient Sophie qui navigue entre incrédulité et douleur ; elle ne s'est pas encore effondrée mais elle retient avec peine la panique qui monte en elle. Ils voient les filles, Margaux, une collégienne, Zélie, une petite blonde qui ne sait pas encore lire, qui pleurent toutes les deux parce que même de là-bas, au fond du jardin, elles comprennent qu'il se produit un événement grave dans leur famille, et aussi parce qu'elles connaissent et apprécient Julie. Enfin les gendarmes me voient, moi. Ils m'entendent encourager mon fils à ne rien leur cacher, parce qu'il n'y a pas de justice sans vérité, parce qu'il n'est pas dans ma nature de tricher, de louvoyer, d'éviter mes responsabilités, et parce que, déjà, je me dis que Matthieu a connu un moment de folie.

Sauf sur le bord des routes, à côté des radars, je n'ai jamais eu affaire à des gendarmes de ma vie. Je ne connais rien de leur métier ni des procédures, surtout lorsqu'elles concernent des mineurs. Matthieu n'a que seize ans et demi.

Il tend les poignets au moment où sa mère entre dans la pièce. Le chef l'interrompt : « Les menottes, ce n'est pas la peine. » Je les suis en direction des voitures. Il me retient à la porte de la maison : « Là, votre fils est arrêté, il va être mis en garde à vue. » Et moi, complètement déconnecté de la réalité : « Alors, je reste là ? — Oui monsieur. — Mais alors... On vient le chercher tout à l'heure ? »

Dans mon esprit, l'arrestation et la garde à vue ne peuvent durer plus de deux heures, le temps de mettre par écrit les aveux de Matthieu. Ça n'existe pas d'enfermer un enfant sans ses parents, sans rien lui raconter de ce qui va lui arriver, et sans en dire davantage, à nous, son père et sa mère. Je crois alors, dur comme fer, qu'on n'embarque pas un gamin pour le mettre en prison : il va nous être rendu dans l'attente du procès, de la punition. Je devrais peut-être lire plus souvent les pages des faits divers. Mais je ne m'y intéresse pas, je ne suis pas voyeur, pas curieux du malheur des autres.

Comme ces gendarmes sont des êtres humains, comme nous leur ressemblons, ils comprennent notre désarroi. « Passez vers huit heures. Apportez-lui un sandwich et un tee-shirt propre. »

Matthieu part la tête basse, je ne sais pas donner un sens à son attitude, à sa posture physique. Plus tard, j'en viendrai à la conclusion qu'il attendait les gendarmes. Que, lorsqu'il a violé Julie, il savait que cela se terminerait ainsi, par la visite des hommes en bleu marine, chez nous, et par son arrestation. Il le savait au fond de lui sans le formuler. Après son crime, il n'a pas cherché à se cacher, il n'a pas fui. Lorsqu'il est rentré à la maison cet après-midi-là, il a adopté une attitude passive, qui sera la sienne pendant des heures encore, jusqu'à ce que les gendarmes, nous-même et tous les adultes autour de lui l'aident à prendre conscience qu'il avait commis un acte grave.

La veille du premier crime, Matthieu m'a demandé l'autorisation de dormir chez des copains. Le matin même, il est venu à la maison, alors vide. Il a visité la plupart des pièces, chambres, cuisine, salon, pour se saisir de plusieurs objets, dont son sac, une paire de lacets, un couteau. Et il a fermé la porte à clé en repartant. En fin de matinée, il a entraîné Julie quelque part où personne ne pourrait les voir, puis il l'a laissée s'en aller. « Allez, on reste potes, on n'en parle plus. » Il est revenu chez nous, il a rangé les affaires qu'il avait empruntées deux heures plus tôt, est reparti sans éteindre les plafonniers. Alors, comme si rien ne s'était passé, il est allé rejoindre sa petite amie, Morgane. Parce qu'il avait l'air tout à fait normal, ils ont passé un long moment ensemble, intime, agréable. Dans l'après-midi, Matthieu a retrouvé son ami Paul et il est rentré à la maison en sa compagnie. Il n'a pas eu l'air surpris lorsque les gendarmes sont arrivés, il s'est laissé emmener sans broncher après avoir livré aveux et pièces à convictions.

Que pouvons-nous comprendre alors, Sophie et moi ? Il s'agit de notre enfant dont nous ignorions absolument, jusque-là, qu'il était capable de faire du mal à qui que ce soit. Et Sophie entend que son garçon a commis un viol. Je sais ce que cette nouvelle crée en elle : un traumatisme par-dessus les traumatismes. Un nouveau gouffre.

*Sophie Moulinas*

Tout de suite, j'ai laissé faire Dominique. De toute façon, je n'étais capable de rien. Je ne comprenais rien, je ne voulais et je ne pouvais pas croire que la scène à laquelle je venais d'assister était réelle. Je pensais à Julie. C'est une enfant que je connaissais bien, elle était allée à l'école avec Matthieu, ses parents sont sympathiques. Nous n'étions pas amis, mais nous participions aux mêmes fêtes du village, nous nous saluions de façon cordiale, et Julie se montrait toujours attendrie par Zélie.

Je n'étais pas capable d'imaginer que Julie avait enduré un viol. Un viol par mon fils que je ne savais pas malade, parce qu'il faut être malade pour faire une chose pareille. Mon fils que je voyais toujours comme mon petit garçon, un innocent au sens moral du terme, simple, gentil. Or commettre un viol, c'est faire acte d'une grande cruauté. C'est nier à une personne le droit de dire non, c'est prendre son corps et s'en servir comme d'un objet, comme s'il n'y avait pas un cœur qui bat sous la chair. C'est le salir. Je ne pouvais pas entendre, croire, ni même penser que mon fils avait été aussi monstrueux vis-à-vis de Julie.

Je suis une mère, et pour Matthieu comme pour chacune de mes filles, quoi qu'ils fassent, je suis amour.

*Dominique Moulinas*

À vingt heures, avec mon petit sachet, je me rends à la gendarmerie de Calvisson, compétente pour notre village de Nages-et-Solorgues. On ne m'autorise pas à voir Matthieu. Le chef me renvoie chez moi avec une recommandation : « N'attendez pas, appelez un avocat. » Je suis sonné.

Lorsque je reviens à la maison, seul, les filles pleurent encore. Zélie ne demande pas où est son frère, elle s'inquiète pour lui. « Mais papa, pourquoi on va pas voir Matthieu ? » Le téléphone sonne, c'est Patrick. « Dis, tu mets le coffre de toit sur ta voiture ? » Je lui réponds que nous n'allons pas partir en vacances. Que Matthieu a été embarqué par les gendarmes pour des faits graves. Devant Sophie et les filles, je ne veux pas en dire davantage. Je crois aussi que j'éprouve de la honte, déjà, même vis-à-vis d'un si bon ami. J'appelle un autre copain, Jérôme, qui débarque aussitôt à la maison, attentif et compatissant, prêt à tout pour nous aider.

Il nous trouve tous en état de choc. Je suis déterminé à agir, mais j'ai basculé dans un autre monde dont je ne possède pas les codes, le mode d'emploi ou le carnet d'adresses. Cet aimable gendarme me dit de trouver un avocat, mais qui, comment, où ça ? Il n'y en a aucun parmi mes frères et mes amis. En plus, nous sommes dimanche soir. Jérôme se creuse les méninges avec moi tout en tentant de réconforter Sophie par des paroles rassurantes. J'ai bien un copain huissier de justice... Je l'appelle. « Allô Sébastien ? Matthieu est chez les flics, je t'expliquerai pourquoi. C'est urgent. Tu as le nom d'un avocat ? — J'en connais plusieurs, mais ça dépend de ce que ton fils a fait. Écoute, viens à la maison, tu me raconteras. » Je pars aussi vite. Une fois chez lui, je lui expose la situation. Il me conduit alors chez son voisin, avocat d'affaires à Montpellier : « Richard n'est pas la bonne personne pour Matthieu mais il doit connaître des avocats compétents sur Nîmes. »

Le récit que j'ai fait à Jérôme, puis à Sébastien, je le répète donc à cet homme que je connais à peine et qui ne prend pas de gants avec moi. « C'est plus que grave. Un viol, avec un couteau, des liens, tout ça, c'est la cour d'assises. » Je prends un nouveau coup sur la tête. Je sais que je dois paraître bien naïf, décidément, mais même là, trois, quatre heures après que les gendarmes ont embarqué Matthieu, je n'ai toujours pas compris que mon fils risque des années de prison.

« La cour d'assises, pour un enfant ? — Il sera jugé comme mineur mais en cour d'assises, oui. Je sais qui il te faut : maître Mimran, à Nîmes, Isabelle Mimran. C'est la meilleure et c'est elle qu'il te faut absolument. Je l'appelle demain matin à la première heure, tu la contacteras après moi. J'espère qu'elle sera disponible. »

### *Sophie Moulinas*

Lorsque j'étais enfant, chez Yvonne, la seule activité extrascolaire à laquelle j'avais droit, parce qu'elle ne coûtait rien, était le catéchisme. Plusieurs de mes copines d'école m'en avaient parlé. J'ai demandé à y participer et on ne me l'a pas interdit. Une fois par semaine, je me rendais chez une femme qui, dans son jardin, possédait un poulailler. J'ai cru en Dieu dès qu'il m'a été présenté. Et la Vierge Marie, avais-je décidé, était ma mère et veillait sur moi. Chaque soir, je priais Jésus et Marie pour ceux que j'aimais. Ma mémé-nounou, Rosalie, mes grands-parents, mon petit frère. Toute ma vie, j'ai prié. Ce soir-là, j'ai prié pour Julie. Faites qu'elle ne souffre pas trop, faites qu'elle nous pardonne.

### *Dominique Moulinas*

Le soir du premier crime, j'éprouve le besoin de parler, de partager le choc comme pour le fragmenter.

Déjà je cherche à comprendre. Je téléphone à mon père, ancien infirmier en psychiatrie. Il ne croit pas à la cruauté dont Matthieu a fait preuve. « Mais non, Dominique, cette fille a dû l'allumer, c'est un petit jeu qui est allé trop loin. »

On voit bien qu'il ne connaît pas du tout Julie. Je réponds à mon père, avec détermination, que, non, Julie n'est responsable en rien de ce qui s'est produit. Mon père reste incrédule un long moment. Il n'a pas vu son petit-fils désigner le couteau de cuisine dans le tiroir, ni sortir ses lacets encore emmêlés de son sac à dos.

Pas une seconde je n'imagine que l'avenir de Matthieu est fichu. Je vais déployer toutes mes forces et toute mon énergie à sauver ce qui peut l'être. Dans mon esprit, une vie ne peut être brisée à seize ans que par la mort. Matthieu est vivant. Il a fait quelque chose de terrible, il devra payer pour cela, bien sûr, je m'assurerai qu'il ne se dérobe pas, mais je serai là pour l'aider à faire face à ses responsabilités et j'assumerai encore mon rôle de parent en le soutenant par tous les moyens. Ce n'est pas un choix réfléchi, ce n'est pas une décision que je prends dans l'urgence face au drame qui se joue alors, c'est un « état d'agir » qui loge en moi depuis toujours et que j'incarne tout entier depuis ma rencontre avec Sophie et notre volonté de construire une famille. Rien ne m'est plus précieux que chacune des quatre personnes qui la composent avec moi. Je sais que mon épouse me soutiendra, je sais qu'elle n'abandonnera pas notre fils elle non plus. Elle est abattue, choquée, mais elle a déjà surmonté des épreuves terribles et je la sais capable de trouver des forces en elle. Nous sommes deux pour aider nos enfants dans ce drame.

J'ai confiance en nous, je ne doute pas de notre réussite si nous mettons tout notre cœur dans la bataille.

### *Sophie Moulinas*

Je voulais aller voir Julie, la réconforter, et soutenir ses parents. Julie était une enfant rayonnante, sympa, polie, autonome – on la voyait sortir avec son petit scooter. Elle était sérieuse à l'école, elle donnait envie d'aller vers elle et elle, très ouverte, allait gentiment vers les autres. Je n'aurais pas réagi autrement aux accusations portées contre Matthieu si je n'avais pas connu sa victime, mais là, j'étais doublement choquée. Alors, tout de suite, j'ai eu envie d'aller voir Julie.

C'est peu dire que je me serais excusée, même si je ne sais pas aujourd'hui de quoi. J'avais envie d'aller lui parler comme j'aurais pu avoir envie de le faire en apprenant qu'elle avait été agressée par n'importe quel garçon, l'assurer que la douleur s'atténue avec le temps. Sauf que j'étais la mère de son agresseur. Toutes mes paroles auraient paru déplacées.

« Restez chez vous, nous ont conseillé les gendarmes dès l'arrestation de Matthieu. Si vous devez sortir, évitez le centre du village, soyez aussi discrets que possible. » J'ai continué de prier pour Julie.

*Dominique Moulinas*

Lundi matin est arrivé, sans rupture avec la veille : nous n'avons pas fermé l'œil, ou si peu. Aujourd'hui, ni Sophie ni moi ne sommes plus capables de dire si nous nous sommes couchés dans notre lit cette nuit-là. Mais au petit jour, voyant le soleil levé, nous nous sommes inquiétés pour Matthieu.

À huit heures, comme un con, je téléphone à la gendarmerie pour savoir si mon fils a bien dormi. Est-ce qu'on lui a donné un petit-déjeuner ? Je dis « comme un con » parce que ma démarche prouve que je n'avais toujours pas réalisé à quoi ressemblerait la vie de mon fils désormais. Les gendarmes restent aussi compréhensifs que la veille : « Venez lui apporter quelque chose à manger ce matin, si vous voulez. On vous donnera de ses nouvelles. »

Elles ne sont ni bonnes ni mauvaises bien sûr. S'il a bien ou mal dormi, qu'importe, moi-même je m'en soucie à peine finalement, et est-ce que Julie a bien dormi, elle ? On m'informe sur la suite des opérations. « Revenez en début d'après-midi, on prendra votre déposition et on vous lira celle de votre fils. » Il est neuf heures, à peine. Sophie et moi confions les filles à des amis et filons à Nîmes rencontrer maître

Mimran : elle a répondu favorablement à la demande de Richard, elle va nous défendre. Nous découvrons une femme d'une cinquantaine d'années, brutale, franche et claire : « À moins d'un miracle, ce soir, Matthieu dormira en prison. Or je n'ai jamais vu de miracle. »

Elle nous envoie la réalité en pleine figure : « Matthieu risque vingt ans de prison. » Vingt ans. Vingt ans, pour la vie d'un adolescent, c'est la mort. « Oui, il faut vous préparer à une peine lourde… » Les mots nous frappent comme une massue. Sophie craque. Pendant des semaines, elle ne sera plus capable de rien, ni de gérer les filles ni de se gérer elle-même. Je n'ai jamais eu le sentiment de l'avoir épousée pour la soigner ni pour la soulager, seulement par amour ; mais ce jour-là, vis-à-vis d'elle, je me suis senti impuissant comme on peut l'être après un accident aux conséquences irrémédiables. Sophie est amputée. Elle a perdu Matthieu, et elle a perdu une grande partie d'elle-même.

Maître Mimran en rajoute une couche : notre fils ne sera pas jugé avant des années. Deux, trois, jusqu'à cinq ans. « Oui, ça va être long. Armez-vous de courage. »

Nous montons dans la voiture, Sophie ne demande qu'à rentrer pour se terrer dans sa maison, volets fermés. Elle veut ne plus être là, ni ailleurs, ni nulle part, je la comprends, mais je sais qu'elle ne nous abandonnera pas. La plus grande force de Sophie, c'est l'amour qu'elle dispense. Je sais que je peux compter sur son cœur pour continuer de battre. Elle peut compter sur moi pour agir.

J'ai déjà en tête l'idée que Matthieu, le jour de son procès, devra être présentable. Je me dis que s'il a lieu dans cinq ans et que mon fils vient alors devant le jury avec une bonne tenue, des regrets, s'il dit « j'ai commis l'irréparable, je le regrette profondément, mais je veux travailler, j'ai une famille, punissez-moi sans gâcher ma vie », alors, peut-être, le verdict sera-t-il clément. Je me convaincs que l'on peut encore espérer quelque chose pour lui et que nous devons le soutenir et le guider pour qu'il soit en mesure de se présenter sous son meilleur jour.

Au volant de la voiture, sur la route qui nous ramène à Nages, je construis déjà le discours que je vais tenir face à Matthieu lorsque je le reverrai, peut-être dès aujourd'hui, dès cet après-midi, puisque je suis attendu à la gendarmerie. J'ignore alors que Matthieu n'est pas en état d'entendre un discours positif et cohérent. Depuis qu'il a été arrêté hier en fin d'après-midi, il n'a pas encore relevé la tête.

*Sophie Moulinas*

Une partie de moi est morte ce jour-là, en effet. Matthieu était vivant mais mort puisqu'il n'était plus dans la vie. On nous annonçait vingt ans, dont deux au moins en détention préventive ou en liberté conditionnelle avant qu'il soit jugé dans un tribunal. J'ai compris que rien ne serait plus jamais pareil. Rien ne serait comme je l'avais imaginé pour mon fils. Finie sa vie de jeune homme qui va faire du vélo avec ses copains, qui va entamer des études, se marier, trouver du travail, et prendre son premier appartement. Et Julie ferait des cauchemars, toute sa vie. Elle devrait travailler sur elle pendant des années pour dissocier le sexe de la violence, et je n'étais pas certaine que cela soit possible.

*Dominique Moulinas*

Cet après-midi-là, les gendarmes m'interrogent sur notre vie à Nages, sur Matthieu, et sur Julie dans notre vie, je ne leur apporte que des réponses qu'ils auraient pu imaginer par eux-mêmes. Je décris notre famille tout à fait banale, notre fils jusque-là sans histoire, Julie qu'il considérait, pour autant que je le sache, comme une bonne copine. Ils notent, ils impriment, je relis et je signe. Ensuite, ils me racontent tout ce qui concerne Matthieu depuis son arrestation. Dans la nuit, ils l'ont emmené au CHU de Nîmes afin de procéder à des prélèvements sanguins et prendre son ADN. Il a collaboré sans problème. Sa déposition, ils ne me la lisent pas, mais ils m'en tendent les feuilles, trois ou quatre, caractères bien tassés. J'entreprends de les lire, consciencieusement, pour comprendre, pour savoir et peut-être déjà pour organiser sa défense. Comme je le lui ai demandé, Matthieu y détaille tout ce qu'il a fait depuis l'avant-veille, de la soirée avec ses amis jusqu'à son arrestation, en passant par le viol de Julie. Tout y est. Toute la violence de ses gestes est exposée froidement, sans aucune explication ni justification. Il ne parle pas de Julie. Il n'exprime aucun regret, ni haine, ni rien. Il donne juste les faits. Moi je reste incrédule.

Ce n'est pas Matthieu. C'est lui mais c'est quelqu'un d'autre en lui. Le Matthieu que je connais est incapable de toutes ces horreurs. Il est incapable de penser le mal et de faire du mal à quelqu'un comme ça. Un détail pratique me heurte encore plus consciemment que la veille : Matthieu est dyspraxique, dans l'incapacité motrice et donc physique de faire des nœuds serrés, or je lis qu'il a attaché Julie. J'en parle au chef des gendarmes qui semble regretter de devoir affirmer : « Si, monsieur Moulinas, on a les ficelles, croyez-moi, elles sont très bien nouées. » Je continue de me dire : non, ça ne peut pas être lui. Je me parle en silence. Dominique, tu fais un cauchemar, tu vas te réveiller et tu vas partir t'éclater dans le Morvan avec tes copains. Non.

« Nous allons emmener Matthieu au palais de justice à Nîmes, reprend le chef des gendarmes. Il va être présenté au juge d'instruction. C'est lui qui décidera de la suite. Il faudrait que vous vous rendiez là-bas aussi, dès cet après-midi. Vous pouvez voir votre fils une minute avant, si vous voulez. » Il me conduit dans un bureau et Matthieu m'y rejoint peu après. J'embrasse mon fils qui ne dit rien. Il baisse toujours la tête. « Matthieu, ça va aller. » Lorsque je prononce ces mots, j'y crois, je ne fais pas semblant, mais comment mon garçon les perçoit à cet instant, je l'ignore.

J'ai pensé à un copain qui dirige un centre éducatif renforcé au Vigan, au milieu des Cévennes. Il m'a parlé de son travail, je sais qu'il accueille des gamins qui ont fait des choses graves, des gamins qui viennent de milieux hyper-défavorisés, qui finissent là parce qu'ils n'ont pas eu la vie ni les parents que Matthieu a eus. Ils ne m'ont pas eu comme père. Pour Matthieu, ça ne peut que se passer mieux que pour ceux-là. Les gendarmes l'emmènent. « Vous nous retrouvez au tribunal monsieur Moulinas ? — Au tribunal, oui... Ma femme aussi, elle doit venir ? — Si elle peut. — Elle pourra voir Matthieu là-bas ? — Oui, elle le verra. »

### *Sophie Moulinas*

Un soir, il devait avoir huit ans, Matthieu est rentré de l'école et nous a dit : « Maman, papa, je veux faire l'armée des enfants ! » Sur le moment, nous

n'avons pas compris. « Enfin Matthieu, tu te trompes. On n'envoie pas les enfants à la guerre ; une armée d'enfants, en France en tout cas, ça n'existe pas.
— Mais si ! Ils ont une chemise et un foulard à rayures comme une cravate autour du cou. » Il voulait devenir scout. Certains copains d'école lui avaient raconté les week-ends d'exploration auxquels ils participaient, avec sac sur le dos et campement sauvage dans la forêt : cela ressemblait à l'idée qu'il se faisait de l'armée de terre adaptée à son âge. Nous l'avons donc inscrit chez les Éclaireurs de France et jusqu'à la fin du collège, il ne les a pas lâchés.

La philosophie du groupe consistait à apprendre et progresser par le jeu dans le respect de règles saines et de l'environnement. Pour un enfant qui présentait des difficultés de concentration comme Matthieu, c'était parfait. Il passait ses dimanches après-midi en compagnie des personnes âgées à la maison de retraite de Calisson, un village voisin, il faisait du porte-à-porte pour vendre des calendriers ou du muguet... Dès la première année, il a demandé à partir en camp d'été, à Laguiole dans l'Aveyron, puis une autre fois en Allemagne pour un grand rassemblement des Éclaireurs venus d'Europe, et enfin à Sens dans l'Yonne.

Depuis sa découverte des scouts jusqu'à cet été 2010, il a cultivé son projet d'entrer dans l'armée. Son désir d'intégrer une organisation avec des règles et un cadre stricts m'a toujours semblé curieux.

Aujourd'hui, je me dis que Matthieu sentait peut-être, au fond de lui, qu'il avait besoin d'un cadre solide pour être empêché de faire du mal aux autres, et que ce cadre, nous n'avons pas su le créer à la maison en dépit des règles que nous imposions. Ou bien, au contraire, imaginait-il inconsciemment qu'un terrain de guerre lui permettrait d'extérioriser sa violence sur des ennemis en toute impunité.

*Dominique Moulinas*

On sait ce qui se passe dans les familles, on le lit dans les journaux, on en entend parler à la télévision. Mais on se dit que ça n'arrive qu'aux autres, aux cas sociaux, aux gens qui n'éduquent pas leurs enfants comme il faut, dans les milieux où il n'y a pas d'interdits, pas de conscience de l'autre, du respect que l'on doit à chacun. Nous, nous sommes des gens bien. Sophie et moi ne pouvons pas avoir mis au monde un violeur. Quelqu'un s'est trompé de page en écrivant le livre de notre histoire. Voilà ce que je pense, au volant de ma voiture, cet après-midi du 2 août. On n'a pas fait tous ces efforts pour que notre fils, notre premier-né, raconte aux gendarmes que, oui, il a attaché une jeune fille et l'a violée.

Ça ne peut pas nous arriver à nous et ça ne peut pas arriver à Matthieu. Ce gamin, il est trop bien. Trop gentil. Trop facile à vivre. Trop doux. Dans toute sa vie, il n'a commis que deux méfaits : coller des boulettes de papier au plafond du collège et monter une barricade avec des poubelles devant le lycée, au mois de décembre, parce qu'il y avait des grèves. Matthieu parle depuis des années de devenir militaire, mais il se voit plutôt casque bleu, un militaire baba cool, un militaire qui voyage et qui ne fait pas vraiment la guerre. Il semble qu'il a su distinguer depuis toujours ce qui est bien et ce qui est mal. Lorsque Zélie avait deux ans, si je donnais une tape sur sa couche, il me le reprochait : « Papa, tu n'as pas le droit, c'est pas bien. »

Alors, en arrivant au palais de justice ce jour-là, je me dis que toute cette histoire ne peut pas concerner Matthieu. J'espère pouvoir parler de tout ça calmement avec mon fils. Et malgré ce que nous a dit maître Mimran, je veux encore croire que ce soir nous serons tous les cinq à la maison, et qu'ensemble nous chercherons des solutions.

Sophie et moi sommes assis sur un petit banc au milieu d'un vaste hall. Pendant des heures, maître Mimran fait la navette entre le juge d'instruction présent ce jour-là, le juge des libertés et de la détention, l'éducatrice de la Protection judiciaire de la jeunesse – la PJJ –, et nous. Elle porte la grande robe noire et cela m'étonne. Je croyais que les avocats ne revêtaient leur habit que dans l'enceinte du tribunal au moment de plaider. Sophie n'a toujours pas revu Matthieu depuis qu'il a été arrêté hier soir, ses yeux furètent dans tous les coins, elle voudrait l'apercevoir, au moins. En fait, nous ne le savons pas encore mais nous allons pouvoir nous asseoir à côté de lui dans un bureau, face à l'éducatrice de la PJJ.

Cette femme fait son travail, certainement. Elle ne lève pas la tête lorsque nous prenons place face à elle, souveraine derrière son vaste bureau. Elle se tourne vers Matthieu, directement, sans un regard pour nous. Elle hurle sur notre fils. Elle lui rappelle les actes innommables qu'il a commis, elle le met plus bas que terre. Ses avertissements sonnent comme des menaces de torture. « Tu vas aller en prison ! Et tu sais ce qu'on fait aux violeurs en prison ? Et ce sera mérité ! » Cette femme annonce l'enfer au garçon assis face à elle, tête baissée. C'est peut-être ce qu'on lui a appris, dans son métier. Peut-être nous prépare-t-elle aussi, nous, les parents. En s'adressant uniquement à notre fils, elle nous signifie, à sa façon, qu'il ne nous appartient plus et que nous ne pouvons plus rien pour lui, notre présence dans son bureau n'y changera rien. Elle nous alerte sans ménagement, de façon indirecte : commencez dès maintenant à imaginer ce qu'on va faire à ce garçon qui est assis là, entre vous, ce criminel que vous avez enfanté.

À quoi sert son discours, en réalité, sinon à nous accabler davantage ? Je l'ignore. Cherche-t-elle à créer un choc en Matthieu, parce que ça fait partie de la peine, parce que ça peut l'aider à prendre conscience de ce qu'il a fait et à exprimer des regrets, si ce n'est pour sa victime, au moins pour lui, égoïstement, à cause des conséquences de son geste sur lui-même ? Sur le moment, je me dis seulement qu'elle est folle, qu'elle lui fiche la trouille. Qu'il n'ira pas en prison en réalité et qu'il s'agit, sans attendre, de lui enlever l'envie de recommencer.

Cette femme est enceinte. Imagine-t-elle qu'elle porte peut-être un violeur dans son ventre ? Non, parce qu'aucune mère ne peut l'imaginer. Parce qu'elle pense, comme je le pense encore à ce moment-là, que ça n'arrive qu'aux autres, aux cas sociaux, pas aux gens bien, pas à elle et pas à nous.

Les gendarmes nous ont regardés avec empathie. Maître Mimran a été franche et brutale, mais elle est de notre côté. Pas cette femme. Pour la première fois, nous entendons que nous faisons partie du camp des affreux. Nous en aurons la confirmation un an et quatre mois plus tard, lorsque Matthieu tuera Agnès Marin, mais, déjà, nous figurons parmi les accusés. Je revois Sophie, fine, délicate, avec son petit sac à main, perdue dans le vaste hall du tribunal et dans le bureau de cette femme de la Protection judiciaire de la jeunesse, Sophie, à quelques centimètres de son fils chéri, qui avait l'air de rétrécir. Elle n'osait pas prendre la main de Matthieu.

Cette éducatrice ne nous a pas adressé la moindre parole, à nous, les adultes responsables, protecteurs, les parents ; le juge d'instruction ne nous recevra pas, le juge des libertés et de la détention pas davantage. Nous comprenons que personne, dans le milieu de la justice, ne nous traitera normalement désormais.

Matthieu est emmené dans une cellule à l'écart, quelque part dans le tribunal ; Sophie et moi retournons sur notre petit banc. Il reste un espoir que maître Mimran exprime à travers ses questions : « Avez-vous les moyens de faire héberger votre fils en dehors du Gard ? » J'évoque ma mère qui habite dans le Vaucluse, et notre famille près de Lille – c'est assez loin du Gard, Lille, n'est-ce pas, il doit bien y avoir neuf cents kilomètres ? Tout l'après-midi, nous gardons l'espoir que Matthieu échappe aux promesses de l'éducatrice parce que notre avocate se bat, elle, afin de trouver une solution alternative à l'enfermement, et parce que nous, les parents, nous sommes là, nous, des gens bien. C'est le juge qui va décider. Nous le savons. Lorsque nous pensons « le juge », nous imaginons une statue, car nous ne l'avons pas vu… L'avenir de notre fils se trouve entre les mains d'une personne dont nous ne connaissons pas le visage.

Après des heures encore, inutiles et perdus, maître Mimran s'assied près de nous. « Matthieu va au Pontet. » Je n'y crois pas. « C'est quoi le Pontet ?
— Un centre pénitentiaire, monsieur Moulinas. Dans la banlieue d'Avignon. Il sera dans le quartier des

mineurs. Je ne sais pas combien de temps il y restera… Ça risque d'être long. » Nous ne savons rien faire d'autre que pleurer. Maître Mimran nous encourage. « Rentrez chez vous, allez vous reposer, mais revenez me voir demain matin à mon cabinet. On organisera les demandes de visites. »

Un moment encore, nous restons dehors, devant le tribunal. Jusqu'à ce que Matthieu apparaisse, menotté, et monte dans un Kangoo. Puis la voiture démarre et disparaît derrière les belles arènes de Nîmes.

Nos deux petites filles nous attendent chez nos amis. Elles veulent voir leur frère. Je ne le leur ramène pas et je le vis comme un échec. Dans la voiture sur la route du retour, Sophie et moi sommes silencieux. Pour ma part, je ressens une charge énorme qui pèse sur moi. Je porte la Terre. À l'heure de se coucher, dans son lit, Zélie demande : « Il est où mon Matthieu ? » Nous nous accrochons au discours de maître Mimran, la seule qui nous donne des explications et de l'espoir. Elle nous a assuré qu'il sortirait du Pontet, mais que ce serait long. Alors, aux filles, nous répétons les mêmes mots. Dans quelque temps, on ne sait pas combien, il sortira. Une semaine est déjà une éternité.

Depuis ce moment-là, régulièrement, je rêve que je suis au sol. Je tombe de toute ma hauteur et je n'arrive pas à me relever. Je me retrouve par terre et rien à faire, il m'est impossible de me redresser. Quelque chose m'écrase, rien de palpable, rien de visible, rien de nommable.

*Sophie Moulinas*

Dominique avait du chagrin. Il était terrifié autant que moi. En vingt-quatre heures, il avait changé physiquement. Il avait l'air d'être lourd, chargé. Mais il a décidé qu'il était assez fort pour porter le poids de ce malheur et il s'est mis en mouvement malgré tout, comme les colosses dans les contes, le dos voûté, les membres engourdis, entravés, mais il avançait néanmoins. Je l'admirais beaucoup d'en être capable, et je lui en étais reconnaissante aussi. Je ne sais pas si je le lui ai assez dit.

*Dominique Moulinas*

Le lendemain, mardi 3 août, juste après avoir revu maître Mimran à son cabinet, je téléphone au Pontet : « Est-ce que je peux apporter des vêtements à mon fils ? — Oui. Avez-vous l'autorisation de visite ? — C'est en cours, mon avocate s'en occupe. — Alors vous pouvez apporter des vêtements, mais vous ne verrez pas le détenu. » Je n'y crois pas : on ne peut pas interdire à un père de voir son fils. Je prends la route, seul, avec mon paquet sur le siège passager, suivant les indications du GPS, soixante-dix kilomètres avalés en une heure et quelques minutes, j'y suis.

Je me gare au pied d'un bunker. Quand j'avais entendu « Le Pontet, centre pénitentiaire pour mineurs », j'avais imaginé une espèce de maison de correction avec un jardin clos, pas une prison aux murs infranchissables, avec des barreaux aux fenêtres, des miradors et des filets anti-hélicoptère. Et me voilà sur le parking en train de pleurer parce que soit ce n'est pas la bonne adresse, soit je n'ai rien compris à ce qui se passe depuis des années en France. Dans mon pays, on enferme des enfants dans de vraies prisons.

J'avise une cahute avec une pancarte : « Accueil des familles ». Je frappe à la porte, une petite dame m'explique : « Non, il n'y a pas de parloir aujourd'hui, et de toute façon vous ne pourriez pas entrer si vous n'avez pas encore la carte. Mais je vais appeler quelqu'un pour le sac de vêtements. » Je soupire, j'y crois : la porte du Pontet va s'ouvrir, je vais pouvoir entrer.

La porte s'ouvre en effet, mais je reste sur le seuil. Une gardienne, peu avenante, ouvre le sac que j'ai apporté. Elle me rend d'autorité les chaussettes bleu marine, les caleçons verts et l'oreiller ergonomique. Je proteste. « Il a mal au dos s'il n'a pas un bon oreiller. » Et elle, d'un ton cassant : « Il serait temps de couper le cordon. » Mal dormir fait donc partie de la punition, cela me paraît aussi absurde qu'inutile. La porte se referme brutalement. Mon fils est en prison. La Terre est lourde encore sur mes épaules, mais la colère me donne un regain d'énergie.

Je suis sur le parking, et je sais que nous ne serons plus jamais les mêmes. Nous allons devoir vivre dans l'attente du procès, et du verdict, vingt ans, dix-huit, youpi. Mais déjà, je n'ai qu'une seule obsession, sortir Matthieu de là jusqu'à ce qu'un jugement l'oblige à y retourner, peut-être. Même si cet enfant n'était pas le mien, je mobiliserais toute mon énergie dans ce but. Il a seize ans. Il faut encore lui rappeler de bien se brosser les dents et de penser à changer ses draps. De fermer la bouche quand il mâche. Il y a des jouets sur le sol de sa chambre. Deux jours plus tôt, j'avais sous mon toit un gentil bon à rien qui ne pensait qu'à s'amuser, à découvrir le monde, pas un pervers, un malade mental, un agresseur. J'avais, et j'ai toujours, un enfant.

Fini de pleurer. Je me mets en mode bulldozer, je suis prêt à emmerder la Terre entière pour remédier à cette situation aberrante. En attendant son jugement, il n'est pas question que Matthieu croupisse derrière ces murs face à cette gardienne de prison à la mine sinistre, parce que ça ne sert à rien, et parce que ce n'est tout simplement pas humain de traiter un enfant ainsi.

Maître Mimran ne peut que partager mon opinion. Je lui téléphone, histoire d'être sûr. « Maître, le Pontet, vous connaissez ? Vous avez vu que c'est une vraie prison ? » Elle me rassure, les conditions de la détention de Matthieu ne sont pas aussi terribles que l'austérité des murs extérieurs peut le laisser penser, nous sommes au mois d'août, les services de l'État fonctionnent au ralenti... Enfin, elle ajoute : « On présentera une demande de libération provisoire dans l'attente du procès. » Cette phrase me fait l'effet d'un bol d'oxygène après une trop longue apnée. « Maître, il va sortir d'ici ? — Écoutez monsieur Moulinas, on peut essayer d'organiser un projet de vie où Matthieu sera scolarisé. Mais ce ne sera pas simple. Et puis ses actes choquent tout le monde, le projet devra donc comporter un suivi psychologique, a minima. »

Maître Mimran parle d'école, donc de normalité, je m'apaise. Grâce aux mots de cette femme entrée dans ma vie vingt-quatre heures plus tôt, j'arrive même à me dire, déjà : « J'ai Sophie, j'ai les filles, ET j'ai maître Mimran. » Bref, je ne suis pas seul. À mes côtés, il y a du cœur, de la raison, et de la compétence.

Si j'étais inconscient, naïf, surprotecteur, qu'on me pardonne. Surtout, que l'on ne pense pas, jamais, que je minimisais la gravité des actes commis par Matthieu. Je n'estimais pas que je devais le faire sortir de prison parce qu'il n'avait rien fait, ou rien de grave : j'aurais donné ma vie pour que le drame de Julie n'ait pas eu lieu. Seulement on ne remonte pas le temps, on ne rembobine pas le fil des événements pour le dérouler autrement, dans une autre direction, c'est impossible et il est vain de s'accrocher à cette idée. Le mal était fait. Il s'agissait de sauver ce qui pouvait l'être.

En ce troisième jour du mois d'août 2010, nous en étions donc là : Matthieu avait seize ans, il était à l'âge où tout se décide – les études et donc la vie professionnelle – et, pour autant que je le sache alors, il était en bonne santé physique et mentale. Il avait commis un crime pour lequel il paierait en temps voulu, lorsque l'instruction serait complète et que le calendrier judiciaire trouverait un créneau pour le juger. Maître Mimran avait évoqué un délai de deux ans minimum et la possibilité d'une libération provisoire. Comme je ne me sentais pas moins responsable de mon fils que quand il avait quatre ans et qu'il présentait les premières difficultés à l'école, j'ai décidé qu'il m'appartenait, à moi, le père de cet enfant, de créer les conditions idéales pour qu'il obtienne cette fameuse liberté provisoire dans l'attente du jugement.

Je raconte les événements dans l'ordre aujourd'hui pour que chacun imagine mon état d'esprit au moment où ils se sont produits. Lorsque Matthieu a été jugé, bien plus tard, pour ses deux crimes ensemble, je me suis senti accusé en même temps que lui. Les familles des victimes, la justice, les médias et la foule des curieux qui s'est pressée au tribunal m'ont reproché d'avoir créé les conditions du meurtre d'Agnès Marin. Comme si j'avais pu savoir, imaginer, pressentir. Il est tellement facile de juger, après coup, lorsqu'il est trop tard…

Évidemment, lorsque je me suis démené pour faire sortir Matthieu de la prison du Pontet, je ne savais rien de l'horreur absolue qu'il sèmerait un an et quatre mois plus tard. Est-il utile de préciser que, en cet été 2010, je me battais pour la vie, au contraire, celle de Matthieu, celle de Sophie, celle de mes filles ? Les phrases commençant par « si j'avais su… », je me les suis interdites depuis longtemps. Après ce qui est arrivé, elles n'ont pas le moindre sens.

# 4

# DONNER UNE CHANCE À MATTHIEU

*Dominique Moulinas*

Matthieu est désormais un individu parmi tant d'autres, ferré dans le système judiciaire. Nous sommes dépossédés de notre fils. Nous sommes ses géniteurs, ça ne vaut rien. Nous sommes responsables de ce qu'il est, de ce qu'il a fait, et nous n'avons rien à dire, personne n'a de comptes à nous rendre. La seule qui nous réponde, c'est notre avocate, maître Mimran. Elle nous soutient : « Si notre projet de sortie conditionnelle ne convient pas à la juge d'instruction[1], je vous aiguillerai jusqu'à ce qu'on trouve une solution convenable pour tout le monde. » Ainsi je ne suis ni fou ni irresponsable : faire sortir Matthieu de prison dans l'attente de son

1. Revenue de congés, madame Simitian, juge d'instruction, s'est trouvée en charge du dossier jusqu'à novembre 2011.

jugement est concevable même pour notre avocate et, selon cette dernière, pour la juge également. Il doit donc y avoir un moyen.

J'appelle désormais maître Mimran tous les jours, voire plusieurs fois par jour, chaque fois que j'ai une nouvelle idée. Pour Matthieu on pourrait faire ceci, et cela, et pourquoi pas ça encore ? Chaque fois elle me répond : « N'hésitez pas, posez-moi les questions qui vous taraudent, aidons-nous à aider votre fils. » Matthieu va rester quatre mois à la prison pour mineurs du Pontet. Quatre mois, à l'échelle d'une vie, ça paraît peu. Sur le moment, pour nous, c'est interminable. Quatre mois à savoir notre gamin enfermé dans quelques mètres carrés, sans rien à faire sauf ruminer ses pensées. Lorsqu'il aura dépassé sa peur des autres détenus, il sortira trois quarts d'heure chaque matin et chaque après-midi en « promenade », dans une cour bétonnée, sans communiquer avec quiconque.

Chaque semaine, Matthieu s'entretient avec la psychologue de la prison. Nous demandons à la voir, à lui parler au moins. Pas moyen. Elle ne doit de compte rendu qu'à la juge d'instruction. Au quartier des mineurs de la prison du Pontet travaillent aussi trois éducateurs de la PJJ. Ce sont des collègues de la femme enceinte que nous avons « rencontrée » au tribunal de Nîmes. Ils ont la même formation, pas les mêmes méthodes. Sophie ou moi leur téléphonons tous les jours pour obtenir des nouvelles de Matthieu, et eux nous répondent gentiment : « Aujourd'hui ça va, rien à signaler. » Ou bien : « Aujourd'hui il n'a pas voulu sortir en promenade. » Une fois, c'est l'un d'eux qui prend l'initiative de l'appel : « On a prescrit des patchs à la nicotine à votre fils pour qu'il arrête de fumer. C'est d'accord pour vous ? » Notre ultime droit en tant que parents de Matthieu réside dans le fait d'accepter ou de refuser toute prise de traitement chimique de sa part.

Au premier parloir, pendant quarante-cinq minutes, je me retrouve seul face à Matthieu. J'ai conseillé à Sophie de prendre le temps de se reposer, de se préparer psychologiquement à voir ça : ces murs, ces miradors, ces barbelés, ces barreaux. Matthieu passe d'abord un long moment à me rassurer : « Les gens sont sympas avec moi. Oui, je mange bien, j'ai une petite chambre correcte. L'oreiller ? Pas de problème, il me convient, la literie aussi, je n'ai pas mal au dos, t'inquiète. » Bien sûr, je l'interroge sur ce qu'il a fait à Julie. « Qu'est-ce qui t'a pris ? » Ma question est ouverte, directe mais pas agressive. Je veux qu'il se sente libre de me parler franchement. Il me répond alors ce qu'il répétera pendant quatre mois et même après : « Je ne comprends rien. Je ne sais pas ce qui m'a poussé à faire ça. » Il ne baisse plus la tête, il me regarde dans les yeux, et je le crois sincère. Il ne comprend pas. Pour autant, il n'exprime pas non plus de regret. Cela m'étonne, m'attriste, et cela me laisse sans voix.

Plus tard, au fil de ces quatre mois de parloir, trois quarts d'heure deux fois par semaine, Matthieu dira face à Sophie et moi : « Je me vois en train de faire des choses à Julie. » Comme s'il regardait la scène en spectateur. Il dira aussi : « Je me vois et je sais que c'est moi, mais un peu à l'extérieur… » Une autre fois, il précisera : « Le matin du 1er août, comme j'étais seul à la maison, je me suis fait un film. Il m'a fallu du courage pour le démarrer, ça m'a demandé un effort, mais, quand je l'ai démarré, il s'est déroulé exactement comme je l'avais prévu et ça m'a surpris, alors j'ai continué, pour voir. Et après, je ne suis pas arrivé à l'arrêter. » Julie, sans s'en douter bien sûr, a suivi le scénario qu'il avait élaboré.

Ce jour-là, il lui téléphone et lui rappelle qu'il lui doit 10 euros. « Passe à la maison, viens les chercher. » Elle arrive, à pied, mais il ne paie pas sa dette : « En fait, je n'ai pas l'argent sur moi, lui dit-il. Je l'ai caché dans la campagne parce que j'avais peur qu'on me le vole. Viens, on va le chercher. » Julie part donc avec lui. Bien sûr, elle ne se méfie pas, elle n'a aucune raison de se méfier de son copain, il n'a jamais fait de mal à personne. Elle pourrait dire non, vas-y tout seul et on se retrouve sur la place du village, mais elle ne modifie pas le film et Matthieu en poursuit donc le cours, jusqu'au bout.

Lorsqu'il évoque la sensation d'extériorité qu'il a éprouvée lors du viol de Julie, je ne me dis pas vraiment que mon fils est malade. Je pense qu'il a connu un moment… d'égarement. Une folie passagère, en quelque sorte. Je ne sais pas la nommer ni l'expliquer, je ne possède pas les compétences pour cela. Je conseille fortement à Matthieu, même s'il est en prison, d'en parler à un psychiatre. Là encore, je ne décide rien, je n'en ai pas le pouvoir, c'est à lui de demander un rendez-vous et rien ne garantit qu'il en obtiendra un.

De mon côté, je me renseigne. Les mots de Matthieu, nous les rapportons notamment à mes parents, tous les deux infirmiers psychiatriques. Ma mère parle de « déconnexion passagère ». Elle trouve rassurant qu'il parvienne à décrire les faits. « C'est bon signe », affirme-t-elle. D'ailleurs, il a demandé un rendez-vous avec un psychiatre et quelques semaines plus tard, en effet, nous apprenons qu'il va être reçu par le docteur D. Quand il entend le nom de ce médecin, qu'il connaît de réputation, mon père, jeune retraité du Centre hospitalier de Montfavet, près d'Avignon, fait la moue. « C'est un mauvais, un *cachetonneux*, il abrutit les gens avec des médicaments. » Une réputation, ça vaut ce que ça vaut, et souvent pas grand-chose… Je conseille à Matthieu de parler ouvertement à ce psychiatre, comme il l'a fait face à nous :

« Si tu es malade, si tu as pété les plombs, ce docteur le verra, il te le dira. »

Un jour, enfin, Matthieu nous informe qu'il a rencontré ce psy. « Et alors ? — Alors rien. Il m'a dit que j'étais dans la merde et il m'a tendu une ordonnance. »

Il nous est impossible, à nous, parents du détenu, de parler à ce médecin par téléphone. Impossible de le rencontrer. Il nous est impossible d'exiger quoi que ce soit, même des éclaircissements sur la prescription. Nous avons seulement le droit de l'accepter ou de la refuser. Encore une fois, quand bien même il est mineur, notre fils appartient à l'administration pénitentiaire et les éducateurs de la PJJ qui sont en contact avec lui au quotidien restent nos seuls interlocuteurs. Mon père, de nature, verse facilement dans l'angoisse ; moi, je reste optimiste et confiant. Je pense que malgré les réserves de mon père sur le professeur D., ce type a ses diplômes et de l'expérience, il sait de quoi il parle. S'il a donné cette réponse à Matthieu, c'est qu'il a estimé, lui, qu'il n'y a pas grand-chose à découvrir et je me sens plutôt rassuré, finalement. Il n'a rencontré Matthieu qu'une seule fois, brièvement.

*Sophie Moulinas*

Je n'étais plus capable d'aller travailler. Non seulement je n'en avais plus la force, mais je craignais le regard des gens. J'avais honte. Personne dans la clinique qui m'employait ne savait ce que Matthieu avait fait à Julie, mais j'avais l'impression que c'était écrit sur mon front. J'étais la mère d'un violeur. J'avais honte. J'ai quitté le conseil municipal. Je me suis terrée chez moi. Le soir, lorsque j'allais chercher Zélie à l'école, je me garais loin, à l'abri des regards, et elle venait me rejoindre. Face aux filles, j'arrivais à esquisser des sourires. Entre deux visites à Matthieu, je serrais les dents. Face à lui, j'avais surtout envie de pleurer. Et de le consoler, aussi, parce qu'il avait de la peine pour moi. Je ne comprenais pas pourquoi il avait agi comme ça, lui-même ne savait pas l'expliquer, mais au fond de moi, plutôt inconsciemment alors, je faisais le lien entre les actes de Matthieu et ce que j'avais connu enfant. Le mal, le sexe qui fait du mal. Cela, je n'en ai pas parlé à Matthieu. C'était mon secret. Mon secret honteux.

Je tenais grâce à Margaux, à Zélie, et grâce à Dominique. Il se démenait comme un diable et j'avais confiance en lui. Je le soutenais autant que je le pouvais. Lorsqu'il décrochait le téléphone et composait le numéro du Pontet, je me tenais à côté de lui. Lorsque nous avons commencé à chercher un lycée susceptible d'accueillir Matthieu, j'ai passé des heures et des heures sur Internet pour les répertorier, et je l'ai aidé à rédiger les courriers.

Par ailleurs, il nous était impossible de rester à Nages-et-Solorgues. Je ne pouvais pas imaginer croiser Julie ou ses parents dans les rayons du supermarché. J'avais honte. J'ai fait venir des agents immobiliers pour estimer la valeur de notre maison.

*Dominique Moulinas*

Maître Mimran a été claire : « La condition sine qua non à la libération provisoire de Matthieu est sa scolarisation, à bonne distance de Nîmes et du lycée de Julie. » Dès le 10 août, je commence à entreprendre des démarches actives. Naïf, toujours, je pense qu'il est envisageable que mon fils fasse sa rentrée en septembre, comme tout le monde. J'ai vingt jours devant moi pour trouver une solution et la faire valider par la juge d'instruction. Ma première idée, contacter Fred, un ancien copain de cité universitaire que je sais proviseur d'un lycée militaire. C'est un établissement cogéré par les ministères de la Défense et de l'Éducation nationale. Il accueille des enfants de militaires, mais pas seulement. Maître Mimran approuve : « Ce serait l'idéal, en effet. »

J'arrive à joindre Fred le 15 août. Je lui raconte tout sur Matthieu, l'agression sexuelle, la prison pour mineurs. « Peux-tu trouver une place pour lui dans ton lycée ? — En classe certainement, je peux ajouter un pupitre et une chaise, mais je n'ai pas le droit de mettre un matelas de plus dans l'internat. »

Or l'internat est complet, hélas. Ma première tentative se solde donc par un échec, mais je ne m'arrête pas là. Je vais faire le tour de tous les lycées des départements limitrophes du Gard, et dans une semaine j'élargirai le périmètre aux départements plus éloignés. À chaque proviseur, je vais d'abord envoyer une lettre expliquant que mon fils « a commis des actes graves et choquants », qu'« il est actuellement incarcéré », que « l'on est en train d'élaborer un projet visant à sa libération »...

Quelques jours après l'envoi de cette lettre, présumant qu'elle a été réceptionnée et lue, je me permets de téléphoner pour solliciter un rendez-vous. Certains chefs d'établissement me font savoir qu'ils ne sont pas disponibles. D'autres me raccrochent franchement au nez. En revanche, le proviseur d'un lycée situé au fin fond de la Lozère devance mon appel. « Monsieur Moulinas, j'ai bien reçu votre lettre, et je ne vous cache pas que je peine à remplir mon internat. Venez à ma rencontre, vous m'expliquerez votre situation. »

Me voici bientôt dans son bureau. Je le regarde assis dans son fauteuil, moi, sur ma chaise, modeste père et prof en demande face au proviseur tout-puissant. Je me sens tout petit. En toute logique, il me pose l'inévitable question, sans détour : « Alors, votre fils, Matthieu, qu'est-ce qu'il a fait ? » Tout petit, je suis. « Il a agressé très violemment une jeune camarade. Une agression sexuelle. » La conversation se poursuit sur l'élève Matthieu, son attitude plutôt docile, son parcours sans incident jusque-là. Quelques jours plus tard, ce proviseur me rappelle : il a reçu plusieurs demandes d'inscription dans son internat et celui-ci, contre toute attente, ne compte plus un seul lit disponible. Je n'y crois pas une seconde, mais que faire ? Essayer encore, ailleurs.

Le responsable d'un lycée catholique d'Aix-en-Provence me fixe un rendez-vous. Même question, « qu'a fait Matthieu ? », même réponse, « une agression sexuelle ». À ce mot, « sexuelle », la conversation prend fin.

*Sophie Moulinas*

Après l'arrestation de Matthieu, nous avons été contactés par la PJJ de Nîmes, mandatée par la juge d'instruction pour mener une enquête familiale. Cette fois, nous n'avons pas eu affaire à la femme enceinte du tribunal mais à deux autres personnes : une éducatrice, madame Bruyère, et un psychologue, monsieur Bueno.

Pendant plusieurs semaines, tous les deux nous ont écoutés, Dominique et moi, ensemble ou séparément, lors de longs entretiens. Ces derniers portaient sur notre vie intime aussi bien que sur nos relations à nos enfants, à notre histoire, à nos parents. Il fallait surmonter notre pudeur, leur bienveillance nous y aidait. Face à eux, nous nous sentions « accueillis ». Nous étions les parents de Matthieu qui avait commis un viol, ils enquêtaient sur nous mais ne se plaçaient pas dans le registre du jugement. Madame Bruyère parlait avec douceur et, quand on craquait, ce n'était pas à cause d'elle ni des événements qu'elle rappelait à notre mémoire, mais simplement parce que nous éprouvions du chagrin. Interroger sans violence est un métier. Cette femme et cet homme mettaient dans le leur beaucoup d'humanité.

J'avais le sentiment que ces deux étrangers voulaient comprendre ce qui s'était passé dans l'intérêt de tous : dans l'intérêt de Julie, de Matthieu, dans l'intérêt de la juge d'instruction qui demandait à bien faire son travail. Pour cela, elle avait besoin de tout savoir, c'était normal. Nous avons eu à cœur de l'y aider. Nous avons répondu à toutes les questions. Nous n'avons pas cherché à tricher ni à dissimuler quoi que ce soit. J'ai sorti la boîte en fer-blanc avec les lettres, les photos, le vide... Sur mon enfance, j'ai tout raconté. Et, lorsqu'on m'a demandé si Matthieu était au courant, je n'ai pas menti. J'ai répondu non, il ne sait pas. Je ne veux pas que mon garçon sache cela. J'ai trop honte. Et lui, il aurait trop mal.

Dans le cadre de leur enquête, madame Bruyère et monsieur Bueno se rendaient aussi au Pontet afin d'y rencontrer notre fils. Ils nous ont rapporté des informations qu'il leur avait confiées et que nous ignorions. Par exemple le fait que Matthieu avait l'habitude de fouiller la maison lorsqu'il s'y trouvait seul. Il cherchait quelque chose, il ne savait pas dire quoi. Une enveloppe qu'on aurait pu glisser dans nos armoires entre deux piles de linge, des papiers… Il leur a expliqué les lumières restées allumées partout dans la maison le jour du viol. Il a parlé d'une sorte de chasse au trésor à accomplir au plus vite. J'ai suggéré que Matthieu cherchait peut-être ses propres affaires : comme il avait tendance à porter toujours le même tee-shirt, le même pantalon, nous donnant, ainsi qu'à ses professeurs, l'impression qu'il ne se changeait jamais, j'avais pris l'habitude de cacher ses vêtements fétiches dans mon armoire ou ailleurs. Il était bien obligé d'en choisir d'autres s'il ne voulait pas sortir tout nu. N'empêche que, dans son jeu, Matthieu a trouvé tous les outils nécessaires à la mise en place de son scénario.

Nous nous étions pris un mur en pleine figure, et nous étions à l'arrêt. Dominique trouvait la force de continuer à bouger dans l'espoir d'avancer. Moi, dans cet état d'immobilité forcée, je voulais avant tout comprendre. Tout cela me paraissait tellement injuste, Julie n'avait pas mérité de souffrir de cette façon, et ses parents, et mes filles, et Dominique, et moi… Et Matthieu. Je pouvais toujours prier, et je priais puisque j'avais la foi, mais j'avais besoin de donner un sens à ce nouvel événement dramatique dans ma vie. Et je n'y suis pas parvenue. La nécessité de la violence soudaine de Matthieu n'est pas apparue. Je me suis sentie accablée, punie, mais je n'ai vu dans ces événements aucun sens, ni aucun avertissement.

*Dominique Moulinas*

Je ne suis rien ni personne pour évaluer la qualité du travail des membres de la PJJ. Des dysfonctionnements, il y en a eu, on le constatera forcément un an plus tard. Mais, lors de cette enquête, tout le monde travaillait sérieusement.

Madame Bruyère et monsieur Bueno n'ont pas insisté lourdement sur le couple que je forme avec Sophie. Ils ont rapidement vu que la clé n'était pas là, qu'il n'y logeait rien de malsain. La chambre était fermée à Matthieu comme à chacune de nos filles. Tout ce qui relève de l'intime n'appartenait qu'à nous. Bien sûr, Sophie et moi avons continué à nous interroger sur notre responsabilité. Qu'est-ce qu'on a loupé ou qu'est-ce qu'on n'a pas fait, pas vu, pas pu ? Malgré l'enquête, les expertises, les procès[1], Sophie se pose toujours ces questions aujourd'hui.

1. Matthieu a été jugé une première fois en juin 2013 par la cour d'assises des mineurs du Puy-en-Velay, puis en septembre 2014 par la cour d'appel de Riom.

Moi, moins, sauf dans les trop mauvais moments. Je ne prétends pas avoir été un parent modèle, mais non, *in fine*, je ne pense pas avoir grand-chose à me reprocher.

*Sophie Moulinas*

L'enquête de madame Bruyère et de monsieur Bueno a conclu que nous étions des parents présents et investis ; nous n'avions pas besoin que des fonctionnaires de l'État nous auditionnent pour le savoir. Elle n'a pas révélé de faille dans notre éducation, et nous avons été encouragés à poursuivre le bon travail que nous accomplissions en tant que parents. Dominique a continué à chercher un lycée pour Matthieu. J'ai continué d'espérer qu'il y parvienne. Et lorsque, enfin, il y est parvenu, je me suis réjouie et me suis sentie mieux.

*Dominique Moulinas*

Une conversation avec une bonne amie, présidente de l'association protestante de Nages, m'est soudain revenue. Elle nous avait parlé de l'établissement qu'elle considérait comme idéal : le Cévenol au Chambon-sur-Lignon.

Je me renseigne : le Cévenol a obtenu la médaille des Justes pour avoir caché des enfants juifs pendant la guerre. Son projet pédagogique semble en tout point parfait – pacifiste, ouvert, exigeant. Bien sûr, il fait sa publicité en annonçant parmi ses élèves des fils et filles de ministres, d'un milieu social élevé auquel nous n'accéderons jamais, nous, les modestes Moulinas… J'envoie malgré tout une lettre. Lorsque je téléphone ensuite pour solliciter un rendez-vous, une secrétaire m'annonce que le nouveau proviseur, Philippe Bauwens, qui prend juste ses fonctions, accepte de me recevoir. Je pars à sa rencontre en pensant que je serai éconduit par lui comme par les autres. J'aurai tenté, au moins.

À ma grande surprise, je suis accueilli, dans le sens littéral du terme. Ce monsieur Bauwens se comporte comme un être humain, un Homme avec un H majuscule. Il m'écoute et, déjà, la compassion qu'il exprime me soulage. Je lui parle de l'agression sexuelle et de certains éléments nouveaux : Matthieu m'a confié qu'il avait bu de l'alcool et fumé des joints la veille, mais on attend encore les résultats des expertises, je n'en sais pas plus pour le moment. Philippe Bauwens affirme alors : « La philosophie du Cévenol, c'est de laisser une chance aux enfants. Si la justice estime que Matthieu est réinsérable, on sera là pour l'aider. »

Donner une chance à Matthieu, c'est aussi mon credo depuis le début. Bien sûr, il me met en garde : « Nous serons très attentifs sur l'alcool et le cannabis. » Cela va de soi. Il consulte un fichier et ajoute que la classe où Matthieu est censé aller, la première STG[1], ne compte que quatorze élèves. Tant mieux. Il m'informe déjà sur le déroulement des semaines et les activités proposées. Chaque lundi soir, par exemple, le pasteur du village organise un groupe de parole où les enfants qui éprouvent des difficultés peuvent exprimer librement leurs émotions. « Ce serait bien si Matthieu y participait, non ? » Et comment ! Ce proviseur parle de sport, du club de judo, de projections de films, il se pose en pédagogue au grand cœur. Je n'arrive pas à y croire, mais nous n'avons pas encore abordé le point le plus délicat. « Il vous reste de la place à l'internat ? — Absolument, pas de problème ! — Et vous acceptez de prendre Matthieu à l'internat ? — Allez dire au juge que nous l'accueillerons dès sa libération. Passez au secrétariat. On va vous donner une attestation. »

Je quitte le Cévenol dans un état d'hébétude et de ravissement conjugués. Contre la promesse de verser 14 000 euros, correspondant à l'hébergement de Matthieu pour l'année complète, j'ai obtenu un courrier à en-tête du collège-lycée Cévenol du Chambon-sur-Lignon indiquant que mon fils y est attendu dès que possible. 14 000 euros pour dix mois de scolarité, et peut-être moins longtemps si Matthieu n'est pas libéré tout de suite, constituent une somme colossale

1. Sciences et technologies de la gestion, le Cévenol n'ayant pas de filière STI.

qui s'ajoute aux frais de justice. Nous allons contracter un emprunt que la vente de la maison remboursera. De toute façon, nous devons quitter le village. Nous avons le devoir, vis-à-vis de Julie et de ses parents, de disparaître. Et le devoir de tout mettre en œuvre pour donner une chance à Matthieu.

Maître Mimran se réjouit avec nous de la nouvelle. « C'est un point important, concède-t-elle, mais la juge d'instruction ne rendra pas sa décision tant qu'elle n'aura pas obtenu les expertises psychologique et psychiatrique. » En ce début septembre, j'ai d'autant plus hâte que la PJJ progresse que nous avons eu des nouvelles inquiétantes du Pontet. Monsieur Calmette, l'un des éducateurs en charge de Matthieu, nous a reçus, Sophie et moi, dans un petit bureau de l'accueil des familles : « Il faut vous hâter de faire sortir votre fils d'ici. Il est en train de se *carcéraliser*. — Qu'est-ce que ça veut dire, se *carcéraliser* ? — Il s'habitue. Il prend goût à l'inactivité. La prison, on s'y fait, on n'y est pas si mal quand on est oisif de nature, et peu exigeant. Mais ce n'est pas adapté à un garçon comme Matthieu. En termes de scolarité, il n'y aura rien. Le garder là plus longtemps, dans l'attente du procès, ne contribuerait qu'à le désocialiser. »

Nous nous hâtons d'inscrire Matthieu en classe de première via le CNED[1] et rapportons l'analyse de

1. Centre national d'enseignement à distance.

monsieur Calmette à notre avocate et à la PJJ de Nîmes. Tous répondent « oui, en effet, mais ne vous inquiétez pas, il sortira ». Cette affirmation, associée à la promesse d'accueil du Cévenol, nourrit notre espoir.

Selon monsieur Bueno, le psychologue, « Matthieu a encore besoin d'être soutenu, élevé ». L'éduquer, l'aimer, nous le faisons depuis seize ans. Mais nous n'irons pas vivre au Chambon-sur-Lignon bien sûr. Pour appuyer notre demande de remise en liberté provisoire, nous devons donc trouver un professionnel compétent là-bas susceptible d'accompagner Matthieu sur le plan psychologique. Et si je dis que c'est à nous de le trouver, c'est que personne, dans le service nommé « Protection » judiciaire de la jeunesse de Nîmes, ne semble alors se mobiliser pour y parvenir. Presque trois ans plus tard, lorsque Matthieu sera jugé pour la première fois, j'entendrai dans l'enceinte même du tribunal : « C'est le père qui a choisi la personne chargée du suivi médical de l'accusé ! » Le mot « choisir » est tellement exagéré...

En septembre 2010, dès le début de l'enquête familiale menée par la PJJ, notre Margaux, alors âgée de onze ans, évidemment choquée par ce qu'a fait son frère, a consulté un médecin psychiatre de l'hôpital de Nîmes. Nous lui demandons s'il connaît des confrères compétents au Chambon, ou pas trop loin... Il nous parle d'une ancienne consœur mutée récemment de Nîmes au Puy-en-Velay, préfecture de la Haute-Loire, à quelque quarante kilomètres. Lorsque nous appelons le secrétariat de cette psychiatre – nous ne pourrons jamais lui parler directement –, on nous assure qu'elle suivra volontiers Matthieu s'il est scolarisé au Cévenol. Confiants, nous fixons un rendez-vous avec ce médecin pour la fin septembre. Lorsque la date arrive, Matthieu est toujours enfermé au Pontet, nous repoussons d'un mois… Puis une fois encore. Dans ce même temps, nous réalisons qu'il faut plus d'une heure pour se rendre du Chambon jusqu'au Puy-en-Velay et qu'il n'y a pas de car sur cette route. Une compagnie de taxi établit un devis : 1 000 euros mensuels… Madame Bruyère, de la PJJ, semble bien désolée, mais personne ne nous aidera à financer les trajets. Nous décidons que nous monterons en Haute-Loire aussi souvent que nécessaire pour assurer nous-mêmes le transport de Matthieu à l'hôpital. De toute façon, nous n'aurons pas le choix : il n'y a pas de psychiatre établi au Chambon-sur-Lignon…

Reste une dernière étape importante à franchir avant de libérer Matthieu, celle des expertises psychologiques et psychiatriques exigées par la juge d'instruction. Là aussi, tout va se passer pour le mieux… C'est, du moins, ce que nous pensons.

# 5

## Premières expertises

*Dominique Moulinas*

En cet automne 2010, Sophie et moi avons fait tout ce que nous gardions le droit – et aussi, selon nous, le devoir – de faire en tant que parents : nous nous sommes démenés pour trouver un établissement scolaire qui accepte d'accueillir notre fils. Nous y sommes parvenus parce qu'écrire à des chefs d'établissement, les rencontrer, leur exposer notre situation et notre conviction qu'un enfant mérite toujours une seconde chance font désormais partie de nos compétences. Pas la maladie, pas la médecine. Nous ne comprenons toujours pas les actes commis par Matthieu. Nous nous interrogeons particulièrement sur leur cruauté et sur leur mise en pratique : cette affaire de lacets qu'il a su nouer… Nous pensons donc que ces faits relèvent peut-être de ce que nous appelons – et le mot ne revêt pas encore son sens médical dans notre bouche – une folie.

Le seul avis du docteur D. n'a pas levé l'intégralité de nos doutes. Et si cette « folie passagère » logeait encore en lui ? S'il restait dangereux comme il l'a été, quelques heures, ce dimanche 1er août ? S'il pouvait recommencer ? Quand Matthieu, lors des parloirs, nous répète « je me vois faire les choses », nous nous inquiétons. Nous ne sommes pas médecins, mais nous sommes convaincus qu'il faut creuser la piste de la maladie. Comme la juge d'instruction, nous souhaitons obtenir l'avis de professionnels de la santé.

Madame Rozier, une psychologue, se penche sur le cas Matthieu Moulinas. Elle l'examine les 30 septembre et 1er octobre, comme elle le spécifie dans le rapport qu'elle rendra trois semaines plus tard. Elle note que Matthieu « a surpris les enquêteurs, puis l'éducatrice[1], par son attitude froide et distante, et ne s'est pas décrit lui-même comme un rêveur mais plutôt comme un marginal qui joue à franchir les limites avec ses copains, avec qui tout est prétexte à rire, évoquant en particulier la sexualité des parents ; porté à franchir les interdits, ne pas réfléchir, et parfois se laisser aller à des

1. Il s'agit de l'éducatrice de la PJJ présente au Pontet.

comportements asociaux comme casser, se rebeller, et se décrivant comme punk ou marginal, évoquant des sentiments violents qui l'envahissent et dont il ne sait pas quoi faire »...

D'après les nombreux verbatim, Matthieu, au cours de ses entretiens avec cette psychologue, a montré qu'il peinait à se souvenir avec précision de la journée du 1er août, de ce qu'il a fait à Julie et pourquoi. Il essaie – et rien ne donne à penser qu'il fait semblant ni qu'il tente de dissimuler quoi que ce soit, il coopère entièrement – mais il n'y parvient pas et dit « faire confiance au récit de la victime ». Il raconte aussi des choses dont je n'ai jamais entendu parler et auxquelles je ne crois pas : « ... des bagarres avec les policiers dans les manifs, mon père venait me chercher et on y retournait », ce « on » incluant, j'imagine, dans son discours, les garçons marginaux avec qui il dit avoir traîné pendant son année de seconde à Nîmes. En tout cas, je ne suis jamais allé le libérer des griffes de la police ni le sortir d'une situation délicate.

La psychologue ajoute également : « Il nous décrira au cours de l'examen des bombes qu'il fabriquait et qu'il expérimentait dans un terrain vague, une ancienne décharge, sur le capot d'une voiture à dix mètres... et de bombes au phosphore avec un flash plus dangereux qui rend aveugle pendant un moment car ça part plus vite avec la mèche trempée dans le pétrole. » La psychologue relaie la parole de Matthieu sans la mettre en doute. Apparemment, la recherche de la vérité ne fait pas partie de son travail. Elle doit seulement recueillir la parole du détenu qui, tout entière, serait révélatrice de sa personnalité. Je suis certain, quant à moi, que Matthieu n'a jamais fabriqué le moindre pétard. Dans son récit, il raconte bien des mensonges, il invente de nombreux faits. Étonnamment, aucun d'eux ne le met en valeur, au contraire.

La psychologue soulève une piste qui sera reprise dans une autre expertise dont l'importance a été majeure dans la libération de Matthieu : le jeu vidéo. « L'âge de douze-treize ans semble être une charnière vers une marginalisation sociale et le refuge dans un univers personnel de jeux vidéo. [...] Il nous parle de jeux violents où on mange des gens déchiquetés avec un personnage bien personnalisé qu'il a construit, très psychotique, intrigant, horrible, très glauque, un petit garçon abandonné dans un vieux moulin de là-bas, il grandit là, il devient fou, des crises de psychoses, avec des multi-personnalités, il sort du moulin, qui est son seul point de repère, mais, sorti de trois pas, il est perdu. Il demande aux gens de lui dessiner un moulin. S'ils n'y arrivent pas, il les dévore. » Plus tard, il ajoute que son personnage est mort. Alors qu'il jouait en ligne, « un couple est passé et l'a détruit au napalm ».

Il évoque sa volonté d'intégrer l'armée pour qu'on lui dise quoi y faire et pour y être bien encadré. Il demande à ce qu'on lui donne « une direction » parce qu'il est très « influençable ». « Il laisse entrevoir, écrit la psychologue, que le changement ne peut pas venir de lui-même mais d'une modification de son environnement dans le sens d'une meilleure structuration, d'un recadrage, pour lui apporter le cadre structuré dont il a besoin et qu'il ne soit plus entraîné par un entourage marginal. C'est la raison pour laquelle il envisage une orientation vers l'armée. » La psychologue complète : « Il nous fera mention d'un malaise concernant le fait qu'il se sentait différent des autres. »

Apparemment, étant grand et très mince, voire maigre, Matthieu pensait que les autres jeunes le voyaient « faible », c'est le mot qu'il emploie. Il invente des scènes qui ne se sont jamais produites à la maison. À l'écouter, la bibliothèque familiale regorgeait de revues pornographiques et ses parents, Sophie presque autant que moi-même, serions des « marginaux ». Là non plus, la psychologue ne cherche pas à vérifier la véracité des propos de Matthieu. Elle affirme en revanche qu'il « ne devrait pas avoir de difficultés à poursuivre ses études et à s'engager dans une orientation professionnelle ». Dans ses conclusions, elle semble certaine que Matthieu peut retrouver sa place dans la société : « Il peut être accessible à un travail sur lui-même en parallèle à sa réinsertion sociale. Cette démarche pouvant s'inscrire initialement dans un cadre d'obligation de soin. »

D'après l'expertise psychologique de cette femme, rien ne s'oppose donc à la libération provisoire de Matthieu, pourvu qu'il soit suivi à l'extérieur. Nous attendons désormais l'expertise du psychiatre Claude Aiguesvives, mandaté par la juge d'instruction. Lorsque nous avons appris qu'il avait été choisi pour examiner Matthieu, nous avons tapé son patronyme sur Internet. Nous nous sommes réjouis de ce que nous y avons lu : il s'agit d'un pédopsychiatre spécialisé dans le comportement sexuel des adolescents, grand militant des droits de l'enfant, il compte des années d'expérience. Un couple de copains éducateurs spécialisés, qui le connaît pour avoir travaillé avec lui par le passé, ne nous en a dit que du bien : « Une pointure, et un homme bienveillant en plus. » Ils nous ont confortés dans notre confiance, comme maître Mimran : tout le monde est convaincu que la juge d'instruction a choisi le meilleur.

Matthieu nous confie bientôt qu'il s'est entretenu avec le médecin. Nous sommes déjà à la fin octobre, autant dire que la rentrée scolaire est loin derrière nous. Et la vérité toujours obscure. J'exhorte mon fils à s'exprimer ouvertement. « Tu parles avec ce docteur, Matthieu ? Tu lui dis tout ? Pas de bobard ?
— Pas de problème, on discute bien. J'ai un bon contact avec lui. Il va revenir me voir. » Ne reste

donc plus qu'à attendre les conclusions du médecin pour savoir, d'une part, si notre fils souffre d'une pathologie mentale quelconque et, d'autre part, s'il peut et s'il doit sortir de prison pour intégrer le Cévenol au Chambon-sur-Lignon.

*Sophie Moulinas*

Dans le film *Lol*, avec Sophie Marceau, un policier vient faire une conférence devant des lycéens. Il leur dit : « Attention, le cannabis peut causer des dommages sur le cerveau d'un adolescent de quinze ans. Et parfois, mais c'est plus rare, l'aggravation ou la révélation d'une maladie mentale qui s'appelle la schizophrénie. » Longtemps avant que Matthieu viole Julie, j'avais regardé ce film en compagnie de Margaux. Ce passage m'est revenu ensuite. La veille du premier crime, Matthieu avait passé la soirée avec des copains de Calvisson (qui n'ont pas été entendus dans le cadre de l'enquête). C'est lui qui a dit aux enquêteurs qu'ils avaient fumé des joints et bu de l'alcool. Dominique est convaincu qu'il n'a pas agi sous l'emprise de quelque substance que ce soit. Moi, je me suis documentée sur les jeunes et la drogue. Comme cela est affirmé dans le film, la démonstration a été faite que la consommation de cannabis même en faible quantité, par des adolescents fragiles, peut entraîner une réaction chimique irréversible sur le cerveau, et j'ai évoqué cette thèse face à maître Mimran. J'ai dit : « Le peu qu'il a pu prendre a pu avoir un effet déclencheur sur lui. » Elle m'a répondu la seule chose possible vu les informations dont elle disposait : « Attendons l'expertise du docteur Aiguesvives. »

*Dominique Moulinas*

Un jour de la fin novembre, après mon dernier cours, alors que je traverse le parking du lycée où j'enseigne, mon téléphone portable vibre dans ma poche. Numéro inconnu, je décroche. « Bonjour monsieur Moulinas, me dit une voix douce. Je suis le docteur Aiguesvives, c'est moi qui ai mené l'expertise psychiatrique de votre fils. » Quel bonheur ! Ce médecin prend la peine de m'appeler pour m'expliquer les conclusions qu'il va déposer.

Il me rassure complètement en vulgarisant ses propos afin que je sois apte à en saisir le sens, moi, le simple enseignant : « Votre fils n'est pas malade, il ne présente aucun trouble psychiatrique, il n'est pas dangereux. » Il prend aussi la peine de m'expliquer que Matthieu glissait sur la pente de la toxicomanie depuis quelques mois : « Vous étiez au courant des joints, mais il n'y avait pas que ça : il a consommé des drogues de synthèse. » Le docteur Aiguesvives a un discours précis et circonstancié, il me cite des copains de Nîmes dont je n'ai jamais entendu parler, une soirée pendant un festival de rock où Matthieu aurait pris des « produits ». Je me dis alors que cet homme sait sur mon fils beaucoup de choses. Plus de choses que moi. Au fil d'une conversation de près d'une heure, il met la violence de Matthieu sur le dos de la drogue. Je tombe des nues. Salopard de Matthieu, il ne nous a rien dit. Je gueule intérieurement sur ses copains, ces petits cons qui devaient bien savoir, eux, et qui ne nous ont pas alertés. Ni Sophie ni moi n'avons rien vu. Matthieu ne s'est jamais présenté face à nous dans un état de conscience… altéré. Pourtant, toute son année de seconde, il vivait bien sous notre toit.

Puis le docteur Aiguesvives me fait tout un laïus sur les jeux vidéo ultra-violents pratiqués avec excès. Sur certains sujets, explique-t-il, ces jeux peuvent provoquer des comportements obsessionnels ultra-violents. Il évoque le « scénario » conçu par Matthieu comme dans les jeux. En conclusion : « Il faudra bien veiller à ce qu'il ne puisse plus consommer le moindre psychotrope. Il faut le rééduquer sur les jeux, on peut jouer sans faire le mal, sans tuer. Qu'il abandonne Call of Duty au profit de Fifa 2000, qu'il fasse du sport et qu'il boive de la limonade, et tout rentrera dans l'ordre ! »

Lorsque je raccroche, je suis sur un petit nuage. Après Philippe Bauwens, un autre homme bon est entré dans notre vie. Ce que je viens d'entendre me conforte dans l'idée que Matthieu conserve quelque chance de vivre un avenir « normal » au-delà de la punition qu'il devra endurer pour le viol de Julie. Selon cet expert, médecin reconnu pour ses compétences, de surcroît un homme qui prend ma douleur de père en compte au point de prendre le temps de s'adresser directement à moi, si Matthieu ne se drogue plus, s'il ne se laisse plus tordre le cerveau par des jeux qui n'ont rien de ludique, il est sauvé. Je rentre à la maison, confiant. Sophie, bien entendu, partage aussitôt ma joie. Nous téléphonons à maître Mimran. Prudente, elle affirme qu'elle attend de lire l'expertise signée, mais que nous sommes sur la bonne voie.

Dès le lendemain matin, elle me rappelle : le psychiatre a envoyé le rapport à la juge et, selon cette dernière, il est aussi positif que possible. « Monsieur Moulinas, je dépose la demande de libération et je ne vois pas pourquoi on nous la refuserait. Vous avez tout bien fait. Vous avez trouvé un bon établissement, loin du Gard, avec un projet pédagogique idéal ; vous avez fourni le plan des lieux, avec en rose l'internat des filles et en bleu celui des garçons, deux bâtiments que deux cents mètres séparent. Vous avez trouvé un suivi psychiatrique pour Matthieu, il n'est pas fou ni dangereux, sur ce point l'expert, la psychologue et le docteur D. sont formels. En conséquence, je ne vois pas pourquoi il serait maintenu en détention. »

En effet, c'est sur la foi de l'expertise du docteur Claude Aiguesvives que Matthieu va être libéré du

Pontet dans l'attente de son jugement, pouvant ainsi intégrer le lycée du Chambon-sur-Lignon. Il est donc fondamental que j'en livre ici les extraits les plus importants. Je regrette ce qui pourrait passer pour une forme de mise en cause du travail de l'expert-psychiatre et de sa probité. Lors des deux procès de mon fils, le docteur Aiguesvives a été la cible d'attaques virulentes et répétées : il a été jugé responsable, autant que moi, d'avoir remis Matthieu en liberté, créant ainsi les conditions du meurtre d'Agnès Marin. Il est certain que, en cette fin novembre 2010, il a accompli consciencieusement sa mission, et qu'il n'a écrit dans son expertise que ce qu'il avait entendu, constaté et compris. Tout homme est faillible, un psychiatre expert près les tribunaux comme un père de famille.

Dans son rapport, le docteur Claude Aiguesvives s'exprime à la première personne du pluriel, et voici ce qu'il écrit : « Nous avons eu un très long entretien avec ce garçon [Matthieu], il s'est exprimé avec authenticité, il a confié une réelle empathie envers la victime, il s'efforce d'analyser et de comprendre ses différents comportements. »

Plus loin : « Nous nous sommes entretenus avec M. Dominique Moulinas, le père de Matthieu, afin de comprendre les informations recueillies lors de l'examen. » En tête de la page 3, le médecin affirme même : « Nous avons pris contact avec le père de l'adolescent

M. Dominique Moulinas. Nos entretiens ont permis de reconstruire la biographie de ce garçon et de contextualiser les propos de Matthieu Moulinas. »

À la lecture de ces quelques phrases, je dois donc comprendre que la conversation téléphonique que j'ai eue avec cet homme sur le parking de mon lycée, quelques heures avant qu'il rédige ses conclusions, l'a aidé dans la rédaction de son rapport et qu'elle constitue à elle seule ce qu'il appelle « nos entretiens ». Sur moi, le médecin écrit : « Ce père est accablé du forfait commis par son fils. Il a conscience que pendant quelques mois il [Matthieu] a échappé au contrôle familial. » En effet, lorsque cet homme m'a raconté que Matthieu a consommé diverses substances pendant son année de seconde, alors qu'il se trouvait au lycée à Nîmes, j'ai dû, au téléphone, admettre que je n'en savais rien. « Les souvenirs de ce père décrédibilisent les dires de cet adolescent. » Cette phrase concerne, je pense, l'addiction supposée de Matthieu aux jeux vidéo : je n'ai jamais constaté qu'il s'y consacrait de longues heures d'affilée.

Dans la suite de son rapport, le docteur narre le déroulement du viol, qu'évidemment il n'est pas question de reprendre ici à l'exception d'un fait important : Matthieu avait conçu deux scénarios avant d'entraîner Julie à l'écart du village, dans un bois ; il n'a choisi qu'au tout dernier moment celui qu'il allait mettre en œuvre, le plus cruel. L'analyse du médecin est la suivante : « Il ne savait pas s'il aurait le courage de violer sa camarade. » Enfin, il est précisé que Matthieu a reconnu que Julie n'avait pas consenti aux rapports sexuels et qu'il en était pleinement conscient.

Matthieu livre ensuite sa perception de notre famille selon les propos rapportés, entre guillemets, par le médecin : « Mon père a toujours été cool avec moi… Il est pour moi un modèle, nous avons à peu près les mêmes idées, il m'a expliqué ce que c'était le marxisme, il lutte contre les injustices, il est généreux comme moi. Ma mère, elle a des problèmes d'autorité avec moi, mais peut-être que c'est elle qui me gâte le plus. Je ne me suis jamais senti en rivalité avec mes sœurs car on forme véritablement une famille. »

Le docteur Aiguesvives évoque la dyslexie de Matthieu, semble-t-il « bien rééduquée », et sa scolarité qu'il poursuit « actuellement au niveau de première grâce au CNED ». Le décor étant planté, la suite du rapport se consacre pleinement à quelques éléments constitutifs de la personnalité de Matthieu et susceptibles d'expliquer son premier crime. Lorsque j'ai relu ce long passage – bien souvent après le meurtre d'Agnès Marin –, j'ai réalisé que Matthieu n'était pas un adolescent, mais plusieurs à la fois, pas uniquement l'enfant que j'élevais depuis seize ans, mais un autre, aussi, dont j'ignorais tout. Un autre que Matthieu avait inventé et à qui il prêtait des actions qu'il n'a jamais réalisées, ou partiellement seulement.

Voici l'extrait du rapport qui aurait dû nous alerter davantage :

« Cet adolescent a une curiosité, il est à la recherche d'excitation, de dépassement de soi, lui permettant d'avoir le sentiment de transgresser toutes les contingences liées au quotidien.

» Il a toujours eu un emploi du temps rempli, par le sport, les Éclaireurs de France, il jouait de la guitare… Durant sa seizième année il va devenir boulimique des jeux vidéo, du numérique, du "Je deviens un autre".

» Il souhaite se libérer de toutes les normes conventionnelles, il teste ses limites dans la consommation de nombreux produits stupéfiants, il se perd dans des personnages virtuels, il se frotte au débat d'idées avec un groupe de jeunes anarchistes nîmois.

» Nous avons compris que cette rupture brutale avec son monde familial est passée inaperçue pour ses parents. M. Dominique Moulinas se souvient qu'il prenait l'ordinateur et qu'il s'enfermait dans sa chambre.

» Il devient rapidement un *hacker* astucieux. Il nous explique comment gagner un peu d'argent. Il montait des sites selon la technique de l'hameçonnage *phishing*. Il va voler sur les ordinateurs privés des contenus de type pornographique qu'il va revendre au travers de son site.

» Il déjoue la vigilance de ses parents, il explique qu'il va dormir chez des amis, qu'il est chargé au sein de son groupe anarchiste de la propagande et de la communication. C'est lui qui fait les *flyers* et il développe une cyber-addiction à plusieurs jeux qui souvent s'appuient sur l'univers des mangas. Il cite Fractal qui est un jeu qui s'adresse normalement à un public majeur, il est présenté comme un jeu post-apocalyptique. Après une guerre qui a tout détruit, les joueurs sont des survivants et ils doivent reconstruire le monde. Il apprécie également Dophus qui est un jeu tout public.

» Il admet que ce qu'il préfère ce sont les jeux de rôles qui permettent d'investir des personnages et de vivre des syndromes de dépersonnalisation.

» Cet intérêt pour les jeux se confond également avec un intérêt pour un cinéma qui illustre les mêmes préoccupations. Il a un film culte, *Orange mécanique*, du metteur en scène américain Stanley Kubrick. Ce film est tiré d'un roman de Burgess dont le héros principal est un jeune chef (de seize ans) d'une bande de voyous. Il exerce une terreur aveugle sur fond de la *Neuvième Symphonie* de Beethoven. Le thème du film suscite une forte controverse, il propose d'analyser le rapport esthétique existant entre le crime et la sexualité. Nous avons bien compris que l'acte commis par cet adolescent a pu être influencé par la confusion d'un personnage virtuel et la réalité.

» Plusieurs scènes du film *Orange mécanique* décrivent cette tentative de décriminaliser des personnages dissociés tels qu'Alex afin d'associer le bien et le mal dans un monde qui s'effondre. »

L'ordinateur fourni à Matthieu lors de son entrée en sixième par la Maison départementale des personnes handicapées avait rendu l'âme après trois années et demie d'usage. Depuis, Matthieu se débrouillait pour noter ses leçons – de façon désorganisée, certes, mais il y parvenait à peu près. Nous n'avions alors qu'un seul appareil à la maison : un portable sur lequel je tapais mes cours, qui servait à Sophie et aux filles pour consulter Internet par exemple, et à Matthieu, donc, qui avait le droit d'en disposer lorsque personne d'autre n'en avait besoin. Il emmenait l'appareil et le câble d'alimentation dans sa chambre, et lorsque nous l'appelions, un peu plus tard, pour venir se mettre à table, il rapportait le matériel dans le salon. Qu'il soit devenu un *hacker* n'a jamais été démontré et personnellement, j'en doute. Il s'est inventé des faits d'armes face aux psys, il s'est créé un personnage et des compétences qu'il ne possédait pas. C'est sur sa console qu'il jouait le plus, nous le savions : nous étions assez souvent à la maison pour savoir quand il s'y trouvait aussi, face à un écran. Je rappelle qu'il avait alors deux sœurs âgées de onze et cinq ans. Nous menions une vie de famille marquée par des règles et des horaires, à laquelle notre fils participait en les respectant. Il mettait la table du dîner, il la débarrassait, il jouait avec Zélie sur le canapé avant que nous les envoyions se brosser les dents. Nous n'avons jamais constaté qu'il était « accro » aux jeux vidéo violents, d'une part parce qu'il ne jouait pas de nombreuses heures d'affilée, d'autre part parce qu'il mettait fin à la partie en cours dès que nous l'appelions, enfin parce qu'il ne « ramenait » rien de ces jeux dans notre petit cercle familial. Lorsque Matthieu s'installait avec nous autour de la table de la cuisine, il se comportait exactement comme l'enfant que nous avions toujours connu. En notre compagnie, il n'avait même pas l'air de s'ennuyer. Sa « confusion », sa « recherche de dépersonnalisation », si elles existaient vraiment, nous ont complètement échappé.

Dans son rapport, le docteur Claude Aiguesvives cite les groupes de rock que Matthieu lui a dit apprécier, les Sex Pistols, Trust, Mesrine. Je m'autorise à penser que bien des gens les écoutent aussi sans se livrer au moindre acte de violence… À propos de références cinématographiques, il ajoute que Matthieu évoque un autre film culte, *Dédales*, de René Manzor, « qui décrit un tueur en série qui souffre d'une pathologie rare mais serait reconnue médicalement comme "le trouble de la personnalité multiple". Le thriller met en exergue un psychiatre qui va rentrer dans le dédale de la personnalité du tueur en série. »

En caractères gras, afin que cela n'échappe à personne sans doute, et surtout pas à la juge d'instruction qui avait ordonné l'expertise, le médecin livre alors son analyse : « La consommation excessive de produits de toutes sortes avait entraîné un éclatement psychique de cet adolescent. Il admet qu'il a pu lui aussi rechercher une personnalité multiple, il était en quête du mal, celui-ci côtoyait le personnage sympathique que tout le monde connaissait. »

Ces produits de toutes sortes, il les cite : cannabis, LSD, amphétamines, speed, cocaïne, pavot, opium, héroïne, absinthe. Mais si vraiment notre fils, qui vivait sous notre toit encore une fois, s'était piqué à l'héroïne, nous l'aurions forcément vu ! Je continue de penser que Matthieu s'est « vanté » d'avoir consommé des substances dont il ne s'est même jamais approché. Comme s'il avait tout testé, réellement, plusieurs fois, comme s'il avait eu l'occasion d'établir un comparatif des différentes drogues existantes, Matthieu a confié au médecin qu'« il préférait avant tout les drogues psychodysleptiques, c'est-à-dire hallucinogènes, celles qui engendrent les modifications les plus importantes de la perception d'autrui ». Mais il n'a pas dit qu'il en avait consommé au matin du premier crime.

Lorsque ce gentil médecin m'a téléphoné, un soir de la fin novembre et m'a parlé de cette consommation de drogues, je ne peux pas dire si je l'ai cru un peu, pas du tout, ou totalement. Il était diplômé, unanimement reconnu pour ses compétences, le système judiciaire lui faisait confiance, il avait interrogé Matthieu qui n'était pour lui qu'un patient, pas un proche, il devait savoir démêler le vrai du faux. Pour ma part, depuis le 1er août, je nageais en pleine confusion et je m'occupais trop activement à sauver ce qui pouvait l'être pour me poser, réfléchir, me faire une opinion argumentée et définitive sur des événements qui m'impliquaient de façon si personnelle, comme ils touchaient Sophie et nos deux filles. Je ne pouvais pas non plus poser de questions directes à Matthieu, parce que c'était inutile. Il s'en voulait tellement pour le chaos qu'il avait créé dans nos vies que je cherchais davantage à l'entourer qu'à l'accabler.

La veille de son premier crime, en dehors de l'alcool, il avait seulement fumé du cannabis, et je sais bien qu'un pétard ne peut avoir fait de lui un violeur. Pour tout dire, cette histoire de drogues, je m'en fichais un peu. M'importait surtout d'entendre un diagnostic simple comme « malade » ou « pas malade ». Je n'étais pas en mesure d'entendre réellement tout ce qui entourait ce diagnostic.

Le docteur Claude Aiguesvives, lui, parce que c'est son métier, faisait le lien entre tous les éléments. Selon lui, la conjonction de drogues et de jeux violents chez un adolescent en crise, par ailleurs « vif, curieux, logique, raisonnable », était responsable de tout : « [Matthieu] est suggestible, hyperémotif, en quête de compréhension de soi, il a multiplié des rencontres à risques, toxicomanie, addiction [...]. Les influences psychologiques subies lors de ces rencontres ont entraîné une perte de discernement entre réalité et vie imaginaire. Il évoque avec authenticité des personnages cultes qui sont tous des personnages de fiction aux personnalités multiples. Il a télescopé son identité avec une recherche personnelle qui ne s'appuyait que sur ces personnages virtuels. La toxicomanie a aggravé cette confusion entre réalité et imaginaire. »

Parmi les conclusions de l'expertise, le médecin répond directement à la double question suivante : « L'acte commis est-il symptomatique d'une fragilité psychiatrique ? Est-il prédictif d'une pathologie mentale ? » Et son propos est ferme : « Nous refusons à ce jour d'enfermer ce garçon dans une identité qui se confond avec l'acte commis. Nous considérons que la psychogenèse des faits est à rechercher dans les conduites à risque que nous avons longuement développées dans ce rapport d'expertise. L'adolescence a représenté un monde qui s'effondre, celui des valeurs liées à l'attachement à ses parents. Durant cette période à risque, ce garçon a multiplié les rencontres qui ont engendré ce vacillement de soi, cette identification à un criminel ou à [des personnages] à personnalités multiples. Cette séquence psychopathologique peut s'éteindre si l'adolescent quitte ses investissements morbides, c'est son souhait. Nous considérons donc qu'il s'agit d'une pathologie induite, elle est transitoire, elle ne nous semble pas prédictive d'une psychose qui, nous le savons, peut entraîner des dissociations de soi. [...] La personnalité de base de ce garçon n'est pas marquée par une haine de l'autre, par la violence, par des troubles des comportements psychosexuels. »

Et d'ajouter, en caractères gras encore une fois : « Le viol n'avait pas pour objectif de retrouver une satisfaction sexuelle au travers de la violence. Ce viol a comme objet principal l'illusion pour Matthieu Moulinas de découvrir une autre facette d'une personnalité multiple dont il pensait disposer. Nous considérons que cet auteur n'a pas de trouble à dimension perverse, de même nous excluons une psychopathie. »

Autre question : « Le mis en examen présente-t-il un état dangereux ? » La réponse de l'expert-psychiatre : « Nous considérons que cette personne n'est pas dangereuse. » Question suivante : « Est-il curable ou réadaptable ? » Je note l'emploi du mot « ou » que le médecin transforme dans sa réponse : « Matthieu Moulinas est curable ET réadaptable. » Et enfin : « Nous considérons qu'il ne relève pas d'un internement pour ses soins. Un suivi en équipe spécialisée en ambulatoire est suffisant. »

Ce rapport d'expertise est daté par le médecin du 26 novembre 2010. Je ne peux l'affirmer avec une certitude absolue, mais je pense qu'il l'a rédigé juste après que nous nous fûmes parlé au téléphone ce soir-là. Quoi qu'il en soit, avant même de l'envoyer à la juge d'instruction, il a contacté cette dernière et lui a fait savoir qu'elle pouvait libérer le jeune Matthieu Moulinas. Ce qu'elle a fait, sans attendre le rapport écrit du docteur Aiguesvives.

# 6

## Le suivi psychiatrique de Matthieu

*Dominique Moulinas*

Ce même vendredi 26 novembre, je suis cette fois-ci en cours lorsque je sens mon portable vibrer dans ma poche. Je vois le numéro de la prison s'afficher. « Allô, c'est monsieur Calmette, votre fils est libéré. Vous pouvez être là dans combien de temps ? »

Deux jours seulement se sont écoulés depuis que maître Mimran, forte des expertises psychologique et psychiatrique, a demandé la libération provisoire de Matthieu. Je laisse mes étudiants sur-le-champ et file au Pontet. Sur la route, je téléphone à Sophie pour qu'elle vienne, avec les filles, nous rejoindre chez ma mère dans le Vaucluse : notre fils n'a pas le droit de rentrer dans le Gard.

Il a l'air content de sortir de prison, juste content. Bien sûr, je l'encourage à partager ses sentiments. Il ne s'exprime que par monosyllabes. Face à mon inquiétude, il me répète sa phrase fétiche : « Ça va, t'inquiète. » Il ne manifeste aucune euphorie, façon de montrer, sans doute, qu'il s'en veut pour les bouleversements qu'il a causés dans notre vie de famille. Je dis « sans doute », je pense « peut-être », je pense « je ne sais pas », parce que toutes mes certitudes ont volé en éclats depuis le 1er août. Je me persuade que je connais Matthieu, que c'est un garçon gentil, intelligent, loyal, mais il a commis des actes sans aucune cohérence avec les qualificatifs dont je pense devoir l'affubler.

Il est dix-huit heures, il a faim, il me demande de m'arrêter au McDo. Il charge lourdement son plateau, puis son estomac… Deux heures plus tard, il retrouve ses sœurs qu'il n'a pas vues depuis quatre mois. Tous les trois font les fous sur le canapé, ils se papouillent, simplement heureux d'être de nouveau réunis. Zélie se dit soulagée parce qu'il n'a pas changé, elle ne le lâche pas. Comme à Margaux, nous lui avons épargné l'épreuve de la visite en prison, mais le temps sans son frère lui a semblé long.

*Sophie Moulinas*

Nous serions bien obligés, plus tard, de les emmener voir Matthieu au parloir. Nous devrions les préparer à cet univers auquel nous-mêmes ne réussissions pas à nous habituer. Est-ce qu'on peut s'habituer à ces murs, cette rigueur, cette privation de tout ? Je ne sais pas.

Après Julie, comme nous avions l'espoir qu'il sorte vite, nous avions préféré garder les filles à distance de la prison, pour les épargner. Elles étaient déjà traumatisées d'avoir vu leur frère emmené par les gendarmes, elles savaient, sans les détails, qu'il avait fait du mal à une jeune fille qu'elles aimaient beaucoup, elles souffraient certainement aussi de nous voir, Dominique et moi, accaparés par nos questions sans réponse et obligés de déployer une énergie folle pour aider notre aîné… Elles avaient un peu perdu leur mère puisque je n'étais plus la même, engluée dans ma tristesse. Elles avaient vu leur frère arrêté dans leur propre maison. Nous devions au moins les maintenir à l'écart du monde carcéral, susceptible de faire peur et de choquer de si jeunes enfants… Enfin réunis chez ma belle-mère, nous avons pu nous dire, tous, qu'une page était tournée. Nous avions bien conscience qu'une longue partie de notre histoire restait à écrire avec le futur procès, mais la page de l'incarcération était tournée, au moins jusqu'au jugement. Nous pouvions enfin respirer de nouveau.

*Dominique Moulinas*

Dès le lundi 29 novembre, au téléphone, Philippe Bauwens, le proviseur du Cévenol, me confirme qu'il attend son nouvel élève. Sophie et Zélie sont rentrées à Nages, Margaux a insisté pour rester avec nous dans le Vaucluse : elle tient à voir, de ses propres yeux, où vivra son frère désormais. Nous nous rendons ensemble dans un grand magasin afin de trouver un blouson épais pour Matthieu, peu habitué aux températures négatives et à la neige. Nous lui achetons des cahiers, une trousse, des crayons. Le mardi, tous trois prenons la route du Chambon. Nous sommes contents : Matthieu va être interne, mener une vie sympa, proche du scoutisme en fait, et nous sommes encore persuadés qu'il sera dans le meilleur établissement pédagogique possible pour lui.

Dans son esprit, il est clair qu'il ne mettra plus jamais les pieds à Nages. Il a honte de ce qu'il a fait, honte de nous avoir forcés à trouver des solutions, honte vis-à-vis de ses amis du village, qui sont aussi ceux de Julie et avec qui il ne cherchera jamais à reprendre contact. Lorsqu'il descend de la voiture dans le vaste parc du lycée, situé à quelques kilomètres du centre du bourg, rien sur son visage ou dans son attitude ne permet de deviner qu'il vient de passer quatre mois en cellule. Si, une chose : il respire profondément, l'air est pur, et il s'étire en regardant les arbres tout autour. C'est vrai, le cadre est magnifique.

## *Le suivi psychiatrique de Matthieu*

*Sophie Moulinas*

Maître Mimran nous a reçus dès le lendemain pour nous exposer avec précisions les conditions du contrôle judiciaire. Matthieu devait rester au lycée du lundi au vendredi. Le week-end, il pouvait loger où il voulait – chez les membres de sa famille, chez des amis, avec ses parents et ses sœurs –, mais pas à Nages-et-Solorgues ni où que ce soit dans le Gard. Au moindre écart, à la moindre faute, il retournerait en prison. Et c'est de cela que j'avais le plus peur. Cela me tétanisait. Matthieu avait repris les cours, une vie sociale, mais je n'arrivais pas à relever la tête pour autant : je me sentais responsable de la souffrance de Julie. Responsable parce que j'avais enfanté son agresseur. Coupable. Personne ne nous a jamais fait de réflexion dans le village, mais le sentiment de honte était là, en moi, en chacun de nous, je crois. Je ne me suis pas sentie libérée de ce poids lorsque Matthieu est sorti du Pontet. On se cachait en permanence, et on a continué, encore plus, puisque nous devions nous organiser chaque week-end pour être hébergés en dehors des limites du département : chez le père de Dominique, chez sa mère, chez ma cousine, chez sa tante…

À Noël, le frère de Dominique nous a laissé les clés de sa maison à Marcq-en-Barœul, dans le Nord. Nous avons passé le réveillon tous les cinq. Matthieu avait été enfermé pendant quatre mois et personne, parmi nos proches, n'était libre pour partager ce moment important avec nous. Chacun avait une bonne raison. Je ne juge personne. Je ne sais pas comment j'aurais réagi, moi, si tout cela était arrivé au fils d'une sœur ou d'une amie. Je me serais peut-être tenue à l'écart, de la même façon. Enfin le plus important était là : je pouvais de nouveau serrer mon fils dans mes bras. Je le faisais, presque par réflexe, parce que je ne pouvais pas ne pas le faire, parce qu'il restait mon petit, parce que je voulais qu'il soit encore mon enfant, parce que je ne pouvais concevoir qu'il fût un violeur. J'étais dans l'incapacité d'affronter cette réalité. Pourtant, j'avais bien intégré la honte et ses conséquences : ce besoin de me cacher, tout le temps. Et la peur. La peur qu'il recommence.

Nous avons mis la maison en vente. Lorsque des visiteurs se présentaient, je montrais chacune des chambres. Celle de Matthieu était trop bien rangée.

### *Dominique Moulinas*

Sophie a peur tout le temps. C'est un fait. C'est aussi ce qui la rend tellement douce et aimable : elle tremble pour ceux qu'elle aime, parce qu'elle ne veut pas nous perdre, parce que nous donnons du sens à sa vie. Lorsque je pars en randonnée avec des copains, elle craint qu'un bout de roche me tombe sur la tête. Jusqu'à ce que je rentre à la maison. Là, elle sourit bravement et fait mine d'avoir passé un week-end parfaitement serein. Quand notre fils s'est retrouvé élève du Chambon-sur-Lignon, elle a eu peur qu'il reproduise son scénario du 1er août, ou tout autre scénario qui le conduise à nouveau au Pontet. Surtout, elle a eu peur qu'il fasse du mal à une autre jeune personne. Ainsi est Sophie : du côté des victimes.

Moi, en ce mois de décembre, je m'inquiète moins. Vis-à-vis de Julie, Matthieu a commencé à exprimer des regrets, peut-être sincères, ou peut-être parce qu'il a compris que c'est ce que nous attendons tous de lui, parents, avocate, juge d'instruction, psychologues… Et puis l'expertise a parlé : ce qui s'est passé est expliqué par la drogue et les jeux vidéo. Il y a donc une solution. On ne se drogue pas, on ne joue plus, et on ne reproduit pas l'irréparable. Au parloir, notre garçon nous a dit : « Vendez la console de jeux et tous les jeux avec. L'argent servira à payer maître Mimran. Et prenez tout ce qu'il y a sur mon compte épargne aussi. C'est normal que je participe. »

Matthieu montre qu'il veut se comporter en élève – et en fils – irréprochable. Il se rend aux groupes de parole organisés par le pasteur du village. Il obéit à ses enseignants. Dans le cadre du suivi psychologique auquel il est astreint, il coopère avec le médecin que nous rencontrons à l'hôpital du Puy-en-Velay.

Il ne s'agit plus de la femme qui s'était engagée à suivre Matthieu : elle n'a pas le temps. Elle a confié « le dossier » à une collègue, une consœur de quelque pays de l'Est – nous apprendrons plus tard qu'il s'agit de la Lituanie. Le docteur Aurelija Markeviciute maîtrise mal notre langue. Je le note mais je ne m'en inquiète pas plus que ça : si elle est là, en blouse blanche, dans cet hôpital français, si la chef du service lui confie la mission de recevoir un jeune agresseur sexuel en consultation, c'est qu'elle a les compétences pour le faire.

Elle nous reçoit tous les trois, Sophie, Matthieu et moi. À nous, les parents, elle ne demande pas de sortir pour rester en tête à tête avec notre fils. Elle s'adresse à lui, peu à nous, il saisit à peine une phrase sur deux et me regarde avec un air affolé. Je devine qu'il voudrait que je la fasse répéter. Lui n'ose pas, question de respect. Je n'ose pas non plus : cette femme est pédopsychiatre. Je me dis que si on ne la comprend pas, elle comprend, elle, son patient.

Après la première rencontre, Matthieu, dans la voiture, se fâche. « Je ne capte rien à ce qu'elle raconte. Comment veux-tu que je lui réponde ? — Allons, fais un effort. — Elle a l'air nulle. — Comment peux-tu dire ça ? On n'est pas nul quand on travaille à l'hôpital après douze ans d'études… Quand même ! » Je suis comme ça : lorsque je souffre de maux de gorge et que Sophie sort une bouteille de sirop de l'armoire à pharmacie, je refuse toujours d'en prendre une cuillère, c'est à un médecin de prescrire le sirop... Ce n'est pas à nous de juger des compétences de cette femme.

Nous la rencontrons de nouveau en janvier. Cette fois, je suis seul avec Matthieu. Elle pose son diagnostic, grave et déterminée, avec son accent balte très prononcé : « Pas pathologie, pas traitement. Pas traitement, pas psychiatre. » Je ne me dis pas qu'on me raconte là n'importe quoi. Elle confirme ce que les deux précédents psys – le professeur D., au Pontet, puis l'expert Claude Aiguesvives – ont affirmé : Matthieu ne souffre d'aucune pathologie, il n'y a donc pas lieu de le soigner, il n'est pas dangereux. Lorsque je fais part à maître Mimran du refus de la pédopsychiatre de continuer à recevoir mon fils, parce qu'un suivi au Chambon par un infirmier de son service suffit, notre avocate commente : « Le contrôle judiciaire de Matthieu exige quand même un suivi psychiatrique. Il faut, au minimum, qu'il ait des entretiens réguliers avec une personne qualifiée. »

On ne trouve personne. En désespoir de cause, j'appelle monsieur Bueno, à la PJJ. « Le Chambon est une petite ville, nous vivons à trois heures de route, qu'est-ce qu'on peut faire ? — Je comprends, c'est compliqué, mais il faut chercher encore... Je connais quelqu'un à Yssingeaux en Haute-Loire, un psychologue. Contactez-le de ma part. » Sauf qu'il n'y a pas de bus entre Le Chambon et Yssingeaux, distants de vingt-cinq kilomètres, et quand bien même Matthieu pourrait se rendre à la consultation, il ne reste aucun créneau dans le planning du psy. Celui-ci nous laisse entrevoir l'espoir qu'une consultation ouvre au Chambon : « Un de mes collègues y travaille. Il est en pourparlers avec la mairie pour trouver un local. Je vous tiens au courant. »

Nous voilà en février déjà. Nous nous installons dans une nouvelle vie, avec Matthieu, et sans Matthieu. Il ne partage plus notre quotidien dans la maison que nous avons bâtie pour nos enfants. Nous nous cachons un peu, et nous nous sentons assez seuls malgré le soutien de la plupart de nos amis. Puisque nous ne pouvons pas passer les vacances en famille chez nous, nous louons un gîte pour quinze jours en Lozère. Nous partirons tous ensemble de chez ma mère, dans le Vaucluse. Personne parmi nos proches n'aura l'idée de monter nous voir. Je le comprends, mais ils me manquent tant.

J'imagine ce que pense Patrick, le copain avec qui nous devions partir dans le Morvan, et qui nous soutient si bien depuis le début : « Qu'est-ce que je vais lui dire, à ce gamin ? » Je me mets à sa place. Notre fils est scolarisé de nouveau, la situation peut passer pour une offense vis-à-vis de la douleur de Julie, peut-être nos proches trouvent-ils injuste que Matthieu soit sorti si vite de prison. Peut-être ne réalisent-ils pas qu'il n'est en liberté que dans l'attente de son procès, à l'issue duquel il sera, inévitablement, condamné à une lourde peine. Nous ne l'oublions pas, nous. Nous vivons chaque instant dans un mélange de honte, de crainte, de peur, et d'urgence à régler les questions d'organisation qui se posent à nous en permanence. Tout est tellement compliqué.

Nous avons peur de commettre une erreur qui renverrait Matthieu derrière les barreaux et cela nous rend prudents à l'excès. Ainsi, comme il lui est interdit de pénétrer dans le Gard, je consulte les cartes routières : pour aller de chez ma mère en Lozère sans passer par le Gard, il faut compter sept heures de route. Je trace des itinéraires impossibles, je propose à Sophie de rouler tout droit jusqu'au gîte avec les filles tandis que Matthieu et moi, dans l'autre voiture, ferons le grand tour. Sophie téléphone à madame Bruyère, de la PJJ, et celle-ci nous rassure : « Si Matthieu se trouve dans une voiture sur l'autoroute qui traverse le département du Gard, tout va bien. »

Un vendredi soir, Matthieu rate le bus qui permet de descendre du lycée jusqu'au Chambon-sur-Lignon d'où il prend un autre car l'emmenant chez ma mère. Il me téléphone, paniqué. À huit heures du soir, je quitte la maison et j'arrive peu avant minuit afin de convoyer Matthieu jusqu'à Valréas. Peu après, j'explique à madame Bruyère quel périple j'ai dû accomplir. Elle rétorque que la PJJ ne m'en demande pas tant, que mon fils aurait pu rester au lycée ce soir-là.

La question du suivi psychiatrique, elle, reste non négociable. En mars, je rappelle le psychologue d'Yssingeaux. « Malheureusement, le projet de consultation au Chambon a avorté, m'annonce-t-il. Cependant, je sais qu'un psychothérapeute, Jean-Pierre Lepage, intervient régulièrement au Cévenol. » Première nouvelle. Philippe Bauwens a oublié de nous en parler. À se demander s'il était au courant. Je contacte monsieur Lepage, je lui explique la situation. « OK, je veux bien rencontrer votre fils et voir ce qu'on peut faire ensemble. » Ils se voient pour la première fois le mercredi suivant et tombent d'accord pour se retrouver deux fois par mois. Monsieur Lepage devient donc le thérapeute de Matthieu. Il ne me vient pas à l'idée de vérifier que cet homme possède les diplômes adéquats. Personne n'y pensera plus que moi.

Conformément à l'obligation judiciaire, je transmets l'information à la PJJ qui la transmet à son tour à la juge d'instruction. Cette organisation convient à tous. Tout va très bien. Une fois par mois, monsieur Lepage nous fait un compte rendu succinct de ses entretiens avec Matthieu : chaque fois, il mentionne des « troubles » qu'il a décelés chez son patient. Il les impute à la période d'emprisonnement, à ce que notre fils y a vu, entendu, vécu. « Il faut l'aider là-dessus, nous conseille-t-il, mais aussi sur le procès à préparer. L'internat, ce n'est pas si facile. Il doit intégrer de nouveaux codes, s'habituer à de nouvelles règles… » Nos échanges avec monsieur Lepage nous rassurent : ce dernier ne nie pas que tout ne va pas parfaitement bien, mais il semble confiant. Nous avons affaire à un homme sympathique et compétent. Il l'est autant que tous les autres.

Matthieu n'est plus le même parce que sa vie n'est plus la même : il a commis un crime et il doit déjà en assumer les conséquences. Il n'a plus le droit de mettre les pieds dans sa chambre d'enfant, de s'asseoir dans le canapé où on a regardé des films ensemble, il n'a plus d'amis, il découvre un nouveau lycée, il vient de passer quatre mois en prison… Il y a forcément quelques *clashs*. Ils sont liés à des difficultés conjoncturelles, pas à la maladie de Matthieu. On ne le voit pas malade. On ne le verra jamais malade jusqu'au drame d'Agnès. Hélas.

Il n'a dévoilé aucun symptôme de quoi que ce soit. Il râle un peu plus que d'habitude. Nous dit qu'il voudrait acheter des baskets qui coûtent 150 euros. On rétorque que ce n'est pas le moment – financièrement, on fait attention –, il se plaint que sa vie n'est pas facile et qu'on lui refuse ce petit plaisir. Il rentre dans la peau d'un adolescent pénible, un peu plus égoïste que d'habitude, c'est l'âge… Et selon monsieur Lepage comme selon nous, bien sûr, c'est normal. L'année passe, marquée par deux incidents apparemment sans gravité mais qui nous coûteront cher, j'y reviendrai.

C'est en parlant de ce Jean-Pierre Lepage que l'avocat de la famille Marin nous reprochera d'avoir « choisi » la personne chargée de suivre Matthieu. Au cours des procès, le malheureux sera mis plus bas que terre. La cour lui reprochera de s'être jugé capable d'assurer le suivi thérapeutique d'un violeur et de l'avoir laissé commettre l'irréparable, de n'avoir rien compris à l'adolescent dont il avait la responsabilité. Mais que pouvait-il comprendre, voir, sentir ? Sophie et moi, en tout cas, ne lui reprochons rien. Au printemps 2012, quand il a accepté de suivre Matthieu, conscient que la justice le tenait à l'œil, il a fait preuve de courage et de bienveillance, au contraire. S'il n'a pas anticipé le fait que Matthieu commettrait un nouveau crime, il est bien la dernière personne à blâmer. La dernière après plusieurs psys et moi.

*Sophie Moulinas*

J'imagine que monsieur Lepage s'en veut, tout comme s'en veulent le docteur Aiguesvives et cette femme psychiatre lituanienne. Une enfant de treize ans est morte. Ils doivent vivre avec ce poids sur la conscience maintenant, comme nous tous. Moi, je ne leur reproche rien. Je ne sais pas s'ils pouvaient voir ce qui était si bien caché en Matthieu. Ce mal en lui, nous, ses parents, nous ne l'avons pas vu. Lorsqu'il a pu quitter Le Pontet et intégrer le Cévenol, maître Mimran nous a assuré : « Vous avez tout bien fait. » Les bons jours, Dominique approuve. On a tout bien fait pour aider notre fils. Parce que nous l'aimions, bien entendu. Les jours sombres, Dominique pense au contraire que nous avons « tout fait comme des cons », c'est son expression. C'est vrai.

Si Dominique ne s'était pas démené pour convaincre un proviseur de lycée d'offrir une nouvelle chance à Matthieu, si nous avions réalisé que le Cévenol, en grande difficulté financièrement, était le pire établissement pour lui, si nous avions mis en doute la parole des psychiatres, si nous avions discerné, nous qui étions censés connaître notre enfant mieux que quiconque, le mal en lui, alors Agnès Marin ne serait pas morte. Seulement les « si » ne servent à rien. Les « si » sont notre pire ennemi. Les « si » qui tournent en boucle dans nos têtes. Nous passons la journée à formuler des phrases qui commencent par « et si ». Nous nous tuons à réécrire l'histoire de notre famille, et donc celle de Julie, et celle d'Agnès. Et notre impuissance nous lamine.

# 7

## Le lycéen Matthieu

*Dominique Moulinas*

La concentration n'a jamais été le point fort de Matthieu en classe. Au Cévenol, le miracle ne s'est pas produit. Mais si Sophie et moi avons poussé notre fils à travailler et à progresser lorsqu'il était enfant, nous le laissons tranquille désormais. Après tout ce qui est arrivé depuis six mois, il est inutile de lui mettre la pression. L'essentiel ne tient pas dans ses résultats, mais dans son comportement.

Or, pendant des mois, tout se passe parfaitement bien : Matthieu s'est intégré, il s'est fait quelques copains, il a même une nouvelle petite amie, Mélina, une jeune fille adorable et sérieuse qu'il nous a présentée et qui semble très attachée à lui. Elle sait qu'il a été détenu pendant quelque temps, elle ignore pour quels faits. Il est gentil avec elle, comme il l'était avec Morgane. Apparemment, il a compris qu'il faut se tenir à distance de l'alcool et du cannabis. Pour autant que nous le sachions, il ne pose ni plus ni moins de problèmes que les autres élèves de ce collège-lycée aux frais de scolarité exorbitants.

Un jour de printemps, la direction de l'établissement nous alerte pourtant, par mail, de façon tout à fait officielle : Matthieu a été vu avec sept de ses camarades au supermarché de la ville en train d'acheter des bières. Évidemment, ils sont punis, ce que j'approuve. Normalement, chaque mercredi entre treize et dix-huit heures, les élèves âgés de plus de seize ans ont quartier libre pour se promener. Pendant un mois, ils seront collés.

Le week-end suivant, je retrouve mon fils et je lui passe un savon. Il se justifie : « On voulait fêter un anniversaire, on était huit, on a acheté douze bières. C'est pas si terrible, franchement... » En effet. Je râle quand même, pour la forme, j'essaie d'expliquer à Matthieu que ce qui n'est, pour les sept autres, qu'une « petite connerie d'ado », constitue dans son cas une entorse aux règles fixées par la justice. Il me semble qu'il entend mes arguments, promet qu'il ne recommencera pas, nous en restons là. Je n'appelle pas la PJJ. Je ne me vois pas relater les faits : « Sachez, madame Bruyère, monsieur Bueno, que Matthieu se trouvait parmi un groupe de huit lycéens qui a acheté une douzaine de cannettes de bières tout récemment... » L'idée ne me vient pas parce que cette histoire ne me semble pas grave en elle-même, c'est tout.

Un deuxième incident se produit quelques semaines plus tard. C'est monsieur Lourenco, le proviseur adjoint du Cévenol, qui m'en informe, par téléphone cette fois : « Matthieu a téléchargé illégalement de la musique – du hard-rock, précise-t-il, sur un ordinateur du lycée. Vous vous rendez compte, vis-à-vis des intermittents du spectacle, les droits d'auteur, etc. » Je suis bien d'accord avec lui et je le lui fais savoir : Sophie et moi comptons parmi nos amis plusieurs artistes, nous avons conscience que leur travail doit donner lieu à rémunération. Dès que je verrai Matthieu, je lui rappellerai la situation de Martine et de son mari, par exemple, et de tous les musiciens qui crèvent la faim parce que de jeunes imbéciles comme lui se permettent de voler leur travail.

Monsieur Lourenco commente : « Écoutez, on ne va pas convoquer un conseil de discipline pour ça, mais, de vous à moi, on doit marquer le coup auprès de Matthieu en lui infligeant une sanction. — Bien sûr. Tout à fait d'accord avec vous, monsieur Lourenco. — Il y a un pont pour l'Ascension, les élèves ne savent pas que l'établissement ferme. Disons-lui qu'il est exclu un jour, le jour du pont. — Merci beaucoup, c'est très bien. »

Le jour en question, je prends Matthieu entre quatre yeux. Je lui joue le couplet du père indigné, et inquiet : « Tu es exclu du lycée ! Tu te rends compte ? Et si la juge l'apprend ? » Il répond mollement : « C'est rien... Télécharger des trucs, tout le monde le fait. » En effet... À nouveau, je ne peux qu'acquiescer. Et sa bêtise est si peu grave que là encore, je ne parle pas de l'incident à madame Bruyère, qui ne l'apprend d'ailleurs de personne. Un incident que la direction du Cévenol n'a pas consigné par écrit, nous en ayant informé par un simple coup de fil. Un incident qui sera pourtant jugé « gravissime », qui « aurait dû alerter » tout le monde, selon les tribunaux du Puy et de Riom.

*Sophie Moulinas*

Matthieu ne se comportait ni bien ni mal, d'après ce que nous savions. Il se comportait plutôt mieux que ce que je pouvais craindre, moi qui ai tendance à toujours imaginer le pire. J'étais surtout rassurée par sa relation avec Mélina, que nous avons rencontrée assez vite.

Au mois de mai, nous avons vendu notre maison et emménagé à Souvignargues : par chance, un couple d'amis horticulteurs avait fait construire sur son lieu de travail, dans la garrigue, et cherchait des locataires pour le pavillon qu'il laissait au cœur du hameau. Sur les quatre chambres, nous en avons aménagé une pour Matthieu dans l'espoir qu'il y dorme bientôt.

Et, en effet, comme nous étions éloignés de Nages, il a pu revenir passer les vacances d'été parmi nous, puis les week-ends à partir de la rentrée 2011. Nous allions le chercher au Chambon. Mélina, avec l'accord de ses parents qui vivaient trop loin d'elle, se joignait à nous. Matthieu n'avait pas le droit de sortir de la maison pour se rendre à Nîmes où il aurait pu croiser Julie. Si nous allions au cinéma, par exemple, c'était à Montpellier. Nous les laissions se balader tous les deux.

Ils étaient mignons ensemble. Un joli couple. Matthieu paraissait attentionné vis-à-vis d'elle. Au cours des repas, ils nous parlaient de leur vie au lycée, avec des réserves sur la discipline. Il nous semblait en effet qu'ils bénéficiaient d'une grande liberté. Peu à peu, nous avons compris que l'encadrement était insuffisant. L'internat des filles et celui des garçons se trouvaient à plusieurs centaines de mètres l'un de l'autre, mais il n'y avait qu'un seul surveillant pour les deux. Lorsque ce dernier était occupé d'un côté, l'autre côté se trouvait livré à lui-même. Matthieu critiquait : « C'est n'importe quoi. Tout le monde fume, et pas que des cigarettes ! »

Dans ma tête, je continuais de former mille et une hypothèses sur ce qu'il pourrait faire, lui, tout à coup, de manière aussi imprévisible que l'été précédent. Malgré l'expertise du docteur Aiguesvives et l'attitude de Matthieu depuis sa sortie de prison, je ne me sentais pas sereine. Je ne comprenais toujours pas. Il y avait ces histoires de drogue et de jeux vidéo, d'accord, mais, au fond de moi, une petite voix me murmurait que ça n'expliquait pas tout. Et Matthieu ne faisait pas taire cette petite voix. Parce que chaque fois que je lui avais demandé pourquoi il avait fait du mal à Julie, il m'avait répondu qu'il ne savait pas. J'avais fini par ne plus lui poser la question.

*Dominique Moulinas*

Il nous est apparu très tôt que le Cévenol n'était pas la panacée, mais nous n'avions pas le choix. Ce lycée présentait des défauts, peut-être, mais sur la somme d'établissements que nous avions contactés, un seul avait accepté Matthieu, et c'était celui-là. Il convenait à la juge d'instruction, il y avait un psychothérapeute sur place, la direction de l'établissement semblait bien disposée vis-à-vis de notre fils, je n'imaginais pas pouvoir trouver mieux.

Nous vivions dans l'attente du procès et dans la nécessité d'y préparer Matthieu. Nous restions dans l'idée qu'il serait lourdement condamné, mais nous avions de plus en plus l'espoir de voir sa peine « aménagée ». Maître Mimran nous avait expliqué les mille façons d'exécuter une peine : le bracelet électronique, le travail le jour et la nuit en cellule, etc. Elle nous avait dit : « Tout se jouera au tribunal selon le profil que présentera votre fils. S'il arrive toxicomane et détaché de tout, du travail, des études, il ira directement en prison. » Alors nous n'avions qu'un seul objectif : faire de lui quelqu'un d'irréprochable, le plus tôt possible, si tant est qu'un adolescent de dix-sept ans puisse se comporter de manière parfaite.

En juin, lorsque je reçois le bulletin du troisième trimestre de Matthieu, l'avis de redoublement ne me surprend pas. Je suis très étonné, en revanche, par cette ligne, juste en dessous : « Hors du lycée du Cévenol. » Les mauvaises notes de notre fils justifient qu'il refasse une année de première, en effet, mais pourquoi l'exclure de l'établissement ? La direction ne m'a pas téléphoné pour m'en avertir et le bulletin ne mentionne aucune explication. J'appelle immédiatement le proviseur. Pas moyen de l'avoir en ligne. Pendant plusieurs jours, il refuse mes appels. Son adjoint, qui accepte de me parler, lui, ne m'éclaire pas plus : « La décision a été prise par monsieur Bauwens. Je ne peux pas vous l'expliquer ni la commenter à sa place. »

J'ai payé ma cotisation à l'association de parents d'élèves du Cévenol : je contacte sa présidente et je lui explique la situation. « Ouh là, monsieur Moulinas, si vous saviez tous les problèmes que nous avons avec ce monsieur Bauwens… » Bref, elle ne peut rien pour moi. De guerre lasse, je décide de monter au lycée faire le siège du secrétariat : « Je ne partirai pas tant que je n'aurai pas obtenu une explication concernant le renvoi de mon fils. — C'est bon. Monsieur Bauwens vous recevra à huit heures ce soir. »

J'attends donc, tout l'après-midi, avec Matthieu. Nous croisons le maître de l'internat qui nous fait part de son opinion : « Je trouve ça un peu vache. C'est vrai que Matthieu a un look un peu bizarre, mais pas plus que les autres. Et puis c'est un gentil gamin, on peut discuter avec lui. » Les copains de Matthieu lancent que le proviseur « pique sa crise » régulièrement pour rien. Ce sont des paroles d'ado, je ne sais pas quoi en penser.

Enfin, le soir venu, Philippe Bauwens me reçoit : « Monsieur Moulinas, vous rendez-vous compte que votre fils a téléchargé un film pornographique sur un ordinateur du lycée ? » Je m'en étonne, évidemment, je n'y crois pas : « Mais non, il a téléchargé de la musique. — Pas du tout ! Du porno ! Et comment êtes-vous au courant, d'abord ? — Par votre adjoint, il a sanctionné Matthieu, il l'a exclu un jour. » Le proviseur est surpris à son tour. « Monsieur Moulinas, Matthieu a téléchargé un film porno, ça vaut l'exclusion définitive. — Mais pourquoi maintenant ? — Parce qu'il n'y a pas que ça : tous ses vêtements trop grands, déchirés, son laisser-aller général... Et il a eu des comportements indécents avec Mélina, on les a vus se peloter au milieu du stade. Il y a de jeunes enfants ici, quand même ! » Encore une fois, je tombe des nues. Nos deux tourtereaux, déjà réunis en notre présence au printemps, se tiennent bien devant les filles et devant nous. Si l'encadrement du lycée nous avait alertés plus tôt de leur comportement en public, nous aurions pu les sermonner avant qu'il soit trop tard.

Je ne veux ni accabler ni défendre Philippe Bauwens ici. Pour lui aussi, les événements qui se sont produits par la suite, de la mort d'Agnès aux procès de Matthieu, ont constitué une série d'épreuves pénibles auxquelles il a répondu suivant sa personnalité, à la fois bonne et un peu lâche… Quand il s'est agi de justifier l'exclusion de mon fils en cette fin juin 2011, d'expliquer sa décision, simplement ça, il a commencé par prendre la fuite en refusant mes appels. Mais, finalement, il m'a exposé ses arguments avec franchise, les yeux dans les yeux, et il a été capable, une nouvelle fois, d'empathie. Je n'ai pas eu besoin de lui dire que Matthieu pourrait retourner en prison s'il était exclu de son lycée. Sans doute mon regard perdu a-t-il suffi pour réveiller en lui l'humanité qu'il avait manifestée, presque un an plus tôt, lorsqu'il avait accepté mon fils parmi ses élèves.

Ce jour-là, il revient sur sa décision : « Je comprends, monsieur Moulinas. Exclure Matthieu définitivement est peut-être excessif, en effet… Je le garde, c'est bon, mais à une condition : qu'il prenne pour l'année prochaine des engagements fermes sur sa tenue vestimentaire, sur son comportement et sur son travail. » Inutile de préciser à quel point je suis soulagé. Nous faisons entrer Matthieu dans le bureau. En bon pédagogue,

Philippe Bauwens lui met un marché en main : « Tu fais partie des grands, il y a des petits ici, tu comprends bien que ton look quand tu as des gros trous dans ton jean, qu'on voit ton caleçon, ça ne va pas. Alors on va établir un contrat. Tu vas prendre une feuille sur laquelle tu vas noter ce qui, selon toi, ne convient pas dans ton comportement, et ce à quoi tu t'engages pour l'année prochaine. » Ainsi l'élève Matthieu obtient-il son ticket pour une deuxième année de première STG au sein du collège-lycée du Cévenol.

*Sophie Moulinas*

Nous l'avons laissé écrire lui-même les engagements qu'il acceptait de prendre vis-à-vis de l'établissement. Nous ne nous en sommes pas mêlés, pas même pour corriger les fautes de syntaxe ou d'orthographe. Voici ce qu'il a écrit :

*Ce qui n'allait pas en 2010 2011 :*

• *Ma tenue est, ou peut être provocante et renvoie une image marginale de moi auprès des autres élevés.*

• *Mon comportement de « zonard » renvoi de moi une image de « je m'en foutisme » auprès des autres.*

• *Je suis trop souvent avec ma copine et mon comportement avec elle est parfois incorrect ce qui peux choquer les autres plus jeunes et faire valoir une certaine forme d'indécence.*

• *Je traine trop souvent entre les cours au lieu de travailler.*

• *En salle de classe mon comportement est très insolent car je dors trop souvent et je ne travaille pas.*

• *Je ne rends pas tous mes travaux car j'oublie ou je n'en ai pas envie.*

• *Je fais des choses illégales sans me rendre compte des conséquences (téléchargement).*

• *Je ne viens jamais en sport en tenue correcte.*

• *Je « sèche » les cours qui ne me plaisent pas par pure fainéantise.*

• *Je ne fait pas attention à mes affaires et les laisse trainer dans ma chambre.*

• *Je ne range pas bien ma chambre.*

## *Ce qui va changer en 2011 2012 :*

• *j'adopterai une tenue vestimentaire simple et convenable comme un jeans et une chemise afin de ne plus renvoyer quelques images de moi et être parfaitement discret et correcte.*

• *J'adopterai aussi un comportement convenable avec ma copine et surtout très discret afin de ne plus choquer personne et de paraître correcte vis à vis de tout le monde. Cela permettra aussi de rétablir l'équilibre relationnel entre moi et ma copine.*

• *En sport, je prendrai les prérogatives et je m'organiserai pour me donner à 100 % et être tous les jours en bonne tenue afin de respecter mes professeurs.*

• *En classe, je me motiverai afin de prendre tous mes cours quelque soit les matières et de rendre tous mes devoirs.*

• *Je ferai aussi en sorte de ne plus dormir en cour afin de respecter mes professeurs.*

• *Je m'engage aussi à travailler dur et à fournir un travail personnel très important afin de me maintenir à une moyenne convenable.*

• *Je m'engage aussi à participer aussi bien en cour qu'aux activités proposées par le lycée et dans le village.*

• *Je ne trainerai plus à ne rien faire mais je prendrai ce temps pour travailler.*

*Conclusion :*

*Je m'engage à changer radicalement mon comportement vis a vis du lycée qui m'a aidé a sortir d'une mauvaise passe et a qui je dois reconnaissance.*

Ce contrat fut signé par Dominique et par moi, par Philippe Bauwens, et par Matthieu bien sûr. Lorsqu'il est retourné en cours, en septembre, il a tenu l'essentiel de ses promesses. Peut-être a-t-il plus souvent enfilé un tee-shirt et un sweat qu'une chemise, mais c'est tout. Chaque lundi soir, comme il l'avait toujours fait depuis son entrée au Cévenol, il se rendait aux groupes de parole organisés par le pasteur et son épouse. Il participait aux débats. Personne ne le forçait. Les mercredis après-midi, il rendait visite aux pensionnaires du CADA du Chambon, le Centre d'accueil pour les demandeurs d'asile. Dominique connaissait bien cette structure parce qu'il avait créé le CADA de Nîmes lorsqu'il était encore travailleur social. Matthieu nous relatait ses échanges avec de jeunes Tchétchènes dans un anglais approximatif pour lui comme pour eux. Il s'intéressait aux autres. Il avait l'air de s'ouvrir au monde. J'aimais le voir ainsi, concerné par les gens en difficulté et pas seulement par son cas personnel.

Plus d'une année s'était écoulée depuis qu'il avait violé Julie. Il n'en parlait pas, comme si ce n'était pas arrivé. Chez nous, il aimait sa nouvelle chambre, le grand jardin autour du pavillon, le figuier. Il jouait beaucoup avec Zélie, il se chamaillait un peu avec Margaux qui était triste d'avoir dû quitter son village natal. Il ne parlait ni du passé ni de l'avenir. Il s'inquiétait certainement à propos du procès qui finirait bien par arriver, mais il ne l'évoquait jamais.

Mon fils ne savait toujours rien de mon enfance douloureuse. J'avais honte de l'avoir subie, je n'étais pas capable de l'assumer vis-à-vis de lui, et de toute façon je ne voyais pas la nécessité de le faire. J'avais tout raconté pendant l'enquête familiale menée par la PJJ, j'en restais là. Je ne comprenais toujours pas pourquoi moi, l'enfant agressée devenue mère, j'avais enfanté un garçon si gentil, et pourtant un violeur. Je me débattais avec cette question en moi. Elle rebondissait dans ma tête en permanence comme une boule folle dans un flipper. J'avais repris le travail depuis des mois, je prenais sur moi pour donner le change, agir, parler, rire comme avant, mais je ne me reconnaissais pas moi-même dans le miroir ; ma voix, quand je parlais, me semblait comme voilée.

C'est ma vie depuis le 1er août 2010, c'est tout ce que je suis : une caisse de résonance pour questions sans réponses.

# 8

# Le deuxième crime de Matthieu

*Dominique et Sophie Moulinas*

Nous sommes les parents d'un tueur. Tueur et violeur d'enfant. S'il faut le préciser, l'écrire noir sur blanc, que ce soit fait ici, une fois pour toutes : nous ne nous vantons pas d'avoir pour fils un monstre. Matthieu n'est pas un monstre. Lorsqu'il a violé et tué Agnès Marin, le 16 novembre 2011, il était malade. Nous ne le savions pas. Le docteur Claude Aiguesvives, pédopsychiatre, mes parents, infirmiers psychiatriques, le docteur Markeviciute, psychiatre, les psychothérapeutes et psychologues de la Protection judiciaire de la jeunesse que Matthieu a rencontrés à Nîmes, en prison, ou au cours de sa scolarité au Chambon-sur-Lignon, ne l'ont pas vu davantage que nous. Pourtant, c'est bien parce qu'il était malade qu'il a torturé Agnès Marin, et qu'à travers l'emploi de ce mot, « torturé », chacun entende bien que nous ne minimisons pas les souffrances qu'a endurées cette jeune fille.

Nous sommes tous impardonnables, certainement, aux yeux et au cœur des parents de cette enfant. Nous les comprenons. Nous ne nous pardonnerons jamais, qu'ils en soient bien certains, la mort atroce de leur fille. Leur chagrin nous hante. Pourtant, nous restons les parents du meurtrier d'Agnès. Et cela, cela au moins, qu'ils nous le pardonnent : notre fils, nous l'aimons toujours. Nous ne savons pas ne pas l'aimer. Nous n'essayons même pas. Ce serait peine perdue.

*Dominique Moulinas*

Jeudi 17 novembre 2011, je suis allé chercher Margaux au collège, nous raccompagnons chez lui Jules, un de ses amis. Je m'accorde un détour par un village du coin où je sais pouvoir acheter des cigarettes. Je me gare devant le tabac, je sors de la voiture, seul. Mon portable sonne, numéro inconnu, je décroche : c'est la gendarmerie de Tence à côté du Chambon-sur-Lignon. On me dit : « Votre fils est en garde à vue depuis l'heure de douze heures dans une affaire de disparition d'une jeune fille, une collégienne du Cévenol. »

Aujourd'hui encore, j'entends cette formulation étrange, « depuis l'heure de douze heures », et je m'entends répondre à la femme gendarme : « Ne me dites pas ça, madame. Ne me dites pas ça. » Je ne sens plus mes jambes. « Monsieur Moulinas, merci de rester joignable parce qu'on voudra certainement vous entendre. » Je remonte dans la voiture, sans un mot, nous déposons Jules. Ma fille m'interroge : « Qu'est-ce qu'il y a, papa ? » Elle a treize ans et demi, elle peut entendre de ma bouche le peu que je sais. Nous rentrons à la maison et je téléphone à maître Mimran. Margaux pleure, roulée en boule sur le canapé. Sophie arrive et nous trouve là.

Maître Mimran, alors en Italie, ne peut assister à la garde à vue de Matthieu. Moins d'une heure plus tard, elle m'annonce que notre avocate au Chambon sera maître Diez, une de ses consœurs en qui elle a toute confiance. Quelques coups de fil leur ont permis d'apprendre qu'il n'a rien avoué. La thèse de la fugue reste privilégiée. Elles ne nous affolent pas : « Ce n'est peut-être pas grand-chose. » Je rassure Sophie. Selon moi, notre garçon se trouve en garde à vue parce qu'il a un passé et qu'en effet une jeune fille de son entourage ayant disparu, il est logique qu'il soit interrogé plus que les autres. Cela ne fait pas de lui un coupable.

Les gendarmes me rappellent dans la soirée : « Venez demain matin, on veut vous entendre. » Toute la nuit, nous imaginons tout et n'importe quoi, de l'issue la plus favorable – simple erreur, la jeune fille va bien, Matthieu n'a rien fait –, à la plus funeste. Mais nous n'imaginons pas que la réalité sera plus terrible que ce que nous pouvons imaginer de pire.

*Sophie Moulinas*

Le lendemain matin, vendredi 18 novembre, je suis allée travailler. Je n'ai pas la radio dans mon bureau, et ce jour-là j'étais seule, ma chef n'était pas là. J'ai passé la journée à cravacher comme jamais, à avancer un maximum de choses, pour m'empêcher de penser. Je ne répondais pas au téléphone. Je ne voulais rien savoir. Le soir, je suis allée chercher Zélie à l'école, puis Mélina, à la gare de Nîmes : elle avait quitté le Cévenol pour un autre lycée situé à Agen, elle venait passer le week-end à la maison. Avec Matthieu, en théorie.

*Dominique Moulinas*

La radio parle d'une collégienne du Cévenol qui a disparu depuis mercredi. Un jeune homme est en garde à vue. On ne parle pas encore de son passé. Lorsque je me gare devant la gendarmerie de Tence, je vois de nombreux journalistes armés de micros, de caméras. Leur présence m'étonne pour une simple disparition. Peut-être une fugue. Personne ne me connaît, personne ne fait attention à moi. Dans la voiture j'ai essayé de joindre maître Diez, sans succès parce qu'elle était à côté de Matthieu. Maître Mimran m'a dit : « Ne vous inquiétez pas, c'est une grande professionnelle. »

Je me présente à l'accueil et l'on me répond aussitôt : « Monsieur Moulinas, votre fils n'est plus ici. Il a été transféré à Yssingeaux pour des questions de discrétion et de sécurité. » Je ne comprends pas. Pour la sécurité de qui ? Je garde cette interrogation pour moi. Je suis alors auditionné par deux gendarmes, un homme et une femme. Ils me font entrer dans un bureau, allument un ordinateur qui ne fonctionne pas, nous changeons de bureau, ils ne connaissent pas le mot de passe nécessaire pour déverrouiller l'ordinateur ; ils vont chercher un portable. Un temps fou s'écoule avant que l'on commence. Pendant deux heures, je vais rester là, à répondre aux questions, sans rien apprendre de plus : ils ne me diront rien sur Matthieu. Ils prononceront seulement le mot « disparition ».

Ils commencent par solliciter des détails sur l'affaire de Julie. Ils ne savent pas tout. Apparemment, Matthieu est resté très évasif et je ne sais pas s'ils ont eu accès aux auditions de l'été 2010. En tout cas, ils m'interrogent comme s'ils ne savaient rien, et je les renseigne. Puis ils abordent le sujet du lycée. Ils tiennent en main le courrier que j'avais envoyé au proviseur lorsque je cherchais une place pour Matthieu. « Monsieur Moulinas, est-ce bien vous qui l'avez rédigé et signé ? » Je raconte mon rendez-vous au Cévenol, la « réinsertion » de Matthieu après quatre mois au Pontet. Les gendarmes me demandent si, face à cet homme que je voulais convaincre, j'ai précisé ceci, et cela… Je comprends, à leurs questions nourries et de plus en plus précises qu'ils ont déjà entendu le proviseur et que celui-ci leur a menti. J'imagine déjà que Philippe Bauwens a ouvert le parapluie de l'ignorance pour se couvrir.

Mon interrogatoire se poursuit. Les deux gendarmes me présentent des planches de dessins de tatouages. « Est-ce que ça vous évoque quelque chose ? » Rien. Matthieu n'en porte aucun et je ne sais toujours pas, aujourd'hui, pourquoi ils me les ont montrés. Puis des photos de couteaux. On me demande : « Est-ce que votre fils possède un couteau ? — Oui, il a un couteau suisse avec une boussole dessus. Un Opinel aussi qu'on lui a offert quand on était en vacances à Chamonix, à l'été 2003… » Puis ils placent devant moi des images d'armes blanches plus guerrières, plus militaires : « Est-ce qu'il a ça ? — Non. — Est-ce qu'il peut en avoir un comme ça, sans que vous le sachiez ? » Je réponds que je ne pense pas, mais que je ne sais pas, en effet. On m'interroge sur l'informatique : à son arrivée au Chambon, nous avions équipé Matthieu d'un nouvel ordinateur portable, pour la prise de notes. Il ne l'avait pas gardé trois mois : la machine avait été volée dans sa chambre qui n'était pas fermée à clé. Nous avions porté plainte, pour l'assurance, mais nous n'avions pas remplacé l'appareil.

Les gendarmes n'ont plus de questions. « Merci, au revoir, on vous tiendra au courant. — Est-ce que je peux aller voir Matthieu à Yssingeaux ? — Vous ne pourrez pas lui parler, il est en garde à vue. Mais vous pouvez vous rendre là-bas afin d'y rencontrer son avocate. »

Dans la voiture, en écoutant les informations que diffusent toutes les radios, j'ai la confirmation de ce que j'ai pressenti : « La direction du Cévenol n'était pas informée du passé judiciaire du pensionnaire actuellement en garde à vue. » Philippe Bauwens se couvre. Pourquoi ? Je m'accroche à ce que je sais, moi. Et je ne sais rien. Je ne sais pas ce qui est arrivé à la jeune fille recherchée, âgé de treize ans et demi. Je ne sais pas si Matthieu lui a fait du mal. Et je sais que tant que je ne sais rien, il est innocent.

Je m'arrête dans un supermarché afin de lui acheter des sous-vêtements. Devant la grille de la gendarmerie d'Yssingeaux, quatre ou cinq journalistes poireautent en discutant. Je sonne et me présente à l'Interphone, un homme vient me voir et me montre discrètement un coin du parking, légèrement à l'écart : « Garez-vous là-bas, attendez dans votre voiture. On vous envoie maître Diez dès qu'elle sera disponible. » Je ne comprends pas pourquoi je ne peux pas entrer dans le bâtiment.

Nous sommes au début de l'après-midi. Je vais rester là jusqu'à minuit. Entre-temps, maître Diez m'a téléphoné : « Les auditions s'enchaînent, je suis désolée. Attendez-moi, je viens vous voir dès que possible. » Dans la soirée, en effet, elle me rejoint. « C'est très grave, monsieur Moulinas. Matthieu n'y est pas pour rien, et c'est très grave. La jeune fille, vraisemblablement, est soit très grièvement blessée, soit décédée. Matthieu a avoué qu'ils sont allés se promener pour chercher des champignons hallucinogènes, qu'ils se sont disputés, on ne sait pas pourquoi, qu'ils se sont battus et que la jeune fille est tombée dans un ravin. De peur, il a fui. Pour le moment il est très évasif sur le lieu, nous essayons tous de le convaincre de nous dire où ça s'est passé afin de la sauver s'il est encore temps. »

Me revient aussitôt l'arrestation de Matthieu par les gendarmes, à Nages, le 1er août 2010, lorsque je lui avais expliqué qu'il était nécessaire de parler ouvertement, sans rien cacher, sans mentir. « Maître Diez, si je vois Matthieu, si je lui dis, moi, qu'il doit tout raconter, il vous dira où elle est. — Ils ne vous laisseront pas l'approcher. J'y retourne. »

Je me retrouve sur mon petit parking, impuissant, complètement perdu. Je n'ai même pas le courage d'appeler Sophie pour lui raconter ça : que la jeune fille est peut-être morte. Et que, oui, Matthieu y est pour quelque chose.

Je vois plusieurs 4×4 sortir de la gendarmerie. Toute une armada d'uniformes se met en route, les journalistes comprennent qu'il se passe quelque chose et foncent vers leurs véhicules également. Maître Diez m'appelle à nouveau : « Je suis avec Matthieu dans l'une des voitures qui viennent de partir. Il nous emmène sur les lieux. Les hélicoptères de secours sont déjà sur place. Si elle est vivante, on va pouvoir la sauver. » Je suis encore plein d'espoir. C'est un accident. Un drame, mais c'est un accident. Il n'y a pas de ravin très profond dans cette région. À treize ans, on est solide. Je crois à ma version, je veux y croire. Je les imagine, Matthieu et cette jeune fille dont je ne sais rien sauf le prénom qu'a cité l'avocate, Agnès. Ils s'engueulent dans la forêt, ils cherchent des champignons, peut-être qu'ils sont déjà défoncés tous les deux. C'est un accident. C'est bon, ça va s'arranger.

Les gendarmes ont pris Matthieu sur la base de témoignages de gamins qui l'ont vu partir du lycée avec la jeune disparue puis revenir tout seul, le visage et les mains griffés. J'apprendrai plus tard qu'il a donné plus de dix versions des faits pendant sa garde à vue. Il a raconté n'importe quoi. Pour l'heure, à la radio, ça y va : « Le suspect a avoué. » Le collège-lycée du Cévenol attaque franchement : « On nous a menti sur ce garçon. On ne savait rien de son passé judiciaire. »

À ce moment-là, ce que raconte Philippe Bauwens, et qui est faux, je m'en fiche complètement. Je me moque de tout sauf d'une chose : la vie de la jeune Agnès. Je me raccroche à l'espoir que les secours la retrouvent en vie, qu'elle puisse témoigner que Matthieu ne lui a pas fait de mal, qu'elle est tombée, qu'il n'a rien de si grave à se reprocher. Avec égoïsme, certainement avec égoïsme, j'implore les dieux, la chance, le destin ou je ne sais qui encore pour que la jeune fille soit vivante.

Le temps s'est arrêté. Je n'ose imaginer l'attente des parents d'Agnès, depuis quarante-huit heures sans nouvelles de leur fille. Je me l'interdis. C'est le seul moyen que je trouve pour garder la culpabilité à distance, car celle-ci affleure déjà. Le seul moyen de faire face. Notre malheur d'abord. Je ne m'autorise à penser qu'à nous, qu'à Matthieu, à Sophie que je devine effondrée, à la maison. J'ai dû me résoudre à lui téléphoner. Autant qu'elle apprenne par moi, plutôt que par les journalistes, ce dont notre fils semble responsable. J'ai appelé ma mère aussi, elle s'est rendue chez nous sans attendre. Au moins, Sophie et les filles ne sont pas seules. Ma mère, aussi touchée soit-elle par ce qui nous arrive, est capable de sang-froid, elle sait trouver les mots qui rassurent. Tant que l'incertitude s'étire, il est permis de prononcer les mots. Je les formule pour moi-même dans le silence de ma voiture, sur ce parking à peine éclairé, où je tremble de peur.

Au terme d'un temps que je ne peux définir, une heure, deux heures, trois heures peut-être, la lumière des phares éclaire de nouveau la gendarmerie, les véhicules s'engouffrent dans la cour, le portail électrique se referme et les journalistes reprennent leur place. Je ne bouge pas. Puis je vois maître Diez qui s'approche. « Monsieur Moulinas, venez. »

Je suis reçu dans un tout petit bureau. Une femme se présente comme une enquêtrice de Clermont-Ferrand ; je ne comprends rien aux grades, seulement que c'est une chef, colonel ou capitaine : « Votre fils nous a longuement menés en bateau, mais il a fini par nous donner une version des faits qui correspond avec les éléments que nous avons pu recueillir depuis la disparition de la jeune fille mercredi. » Je ne saurais retranscrire ses paroles avec exactitude aujourd'hui, mais elle me délivre en tout cas les informations suivantes, sans prendre de gants : il a attiré Agnès dans un bois, il l'a violée. Pour qu'elle ne parle pas, il l'a tuée. Pour faire disparaître son corps, il l'a brûlée.

Je suis au-delà du choc, il n'y a même pas de réaction possible. Je pleure, c'est tout. Je ne sais plus si je suis capable de donner une réalité aux faits qui sont assénés. Je m'étais dit qu'on ne pouvait pas vivre pire instant que celui où l'on fixe un porte-vélos sur sa voiture et où son fils avoue un viol, mais là... Ce n'est pas réalisable. Cet enchaînement : il viole, il tue, il brûle. C'est de la folie. L'enquêtrice ajoute : « On a retrouvé le corps d'Agnès et les éléments que nous avons réunis sur place démontrent que c'est bien ce qui s'est passé. Ce que je viens de vous dire. Ça s'est passé comme ça. »

Je veux voir Matthieu. Je répète que je veux le voir. Les gendarmes n'y sont pas favorables. J'insiste. Je suis effondré, perdu, mais le peu de lucidité qu'il me reste à ce moment-là m'ordonne de voir mon fils. Les gendarmes discutent la question. Finalement, on me fait entrer dans une pièce exiguë avec maître Diez, et deux hommes y pénètrent à leur tour accompagnés de Matthieu.

Il pleure quand il me voit. Je le prends dans mes bras, il a le visage griffé, il est sale. Je m'inquiète pour lui. Il pleure et me dit : « Papa, rentre à la maison. J'ai tout gâché, j'ai tout gâché. Occupe-toi de maman et des filles, ne viens pas me voir, j'ai tout gâché. » Puis il ajoute : « J'ai pas pu, papa. J'ai pas pu, j'ai pas pu ! » Sur le coup, je ne comprends pas. Il me rejette. C'est moi qui n'ai pas pu. Je n'ai pas pu éviter ça, un nouveau drame, plus violent encore, au-delà de la raison. Mon fils est fou, je le pense alors. En cet instant, il est lucide, mais il est fou. Il répète : « C'est fini, laisse tomber, laisse-moi tomber, ne perds plus ton temps avec moi. » Je l'engueule : « Non, je suis là, Matthieu ! Et je serai là. Maman sera là. On sera tous là ! » L'enquêtrice m'ayant dit qu'il a été coriace, je le sermonne : « Tu coopères ! Plus de mensonge. C'est au-delà de la gravité, ce que tu as fait, tu dois parler, tu dois dire comment et pourquoi. Il faut que tu collabores, que tu parles, que tu arrives à dire la vérité ! » Mon fils est fou.

Cet échange dure moins d'une minute. Les gendarmes emmènent Matthieu, je ne sais pas où, et maître Diez part avec lui. En quelques secondes. Je reste dans le box, hébété, un gendarme me raccompagne jusqu'à ma voiture, nous traversons le groupe des journalistes qui ne s'intéressent pas à moi. Je me glisse derrière le volant et j'attends. J'attends quoi ? Maître Diez ressort de la gendarmerie et vient se pencher à ma portière : « Si vous avez la force, rentrez chez vous. Ne passez pas par la route du Puy, elle est dangereuse et vous êtes trop fatigué. Rejoignez d'abord Saint-Étienne et prenez l'autoroute. Rester ici ne servira à rien, vous ne verrez plus Matthieu, il sera présenté au juge d'instruction demain matin, je serai avec lui. Je vais travailler en collaboration avec maître Mimran, on va s'occuper de Matthieu. Allez vous occuper de votre famille. » Je prends la route.

Sophie et ma mère m'attendent dans le salon. Elles savent. Margaux, Zélie et Mélina dorment dans les chambres. Quand je franchis le seuil de la maison, je me dis que tout est fini. Cette fois, la vie de Matthieu est finie. Elle a pris fin en même temps que celle d'Agnès.

Un an plus tôt, Matthieu était libéré du quartier pour mineurs de la prison du Pontet et il intégrait le lycée du Chambon-sur-Lignon. Plusieurs fois depuis,

Sophie avait murmuré : « Mon Dieu, et s'il recommençait… » Et je n'avais pas pris sa crainte pour une alerte. J'avais seulement entendu qu'elle exprimait sa peur pour que je la rassure, pour que je dise encore : « Matthieu ne se drogue plus. Il ne joue plus aux jeux vidéo violents qui lui ont tourné la tête. Les psychiatres sont formels, il n'est pas dangereux. Il ne recommencera pas. » Et, comme j'étais convaincu que tout cela était vrai, j'avais répété cet enchaînement de phrases courtes aussi souvent que mon épouse, la femme que j'aime, la mère de mes enfants chéris, avait eu besoin de l'entendre.

Soudain, une autre série de faits s'imposait à moi, elle constituait une réalité tangible, indéniable puisqu'elle s'appuyait sur un corps supplicié et non sur des avis de médecins : Matthieu avait violé, tué, brûlé. Est-il indécent de me plaindre d'avoir eu à entendre que mon fils était capable de pareils actes ? Il serait indécent de comparer ma peine à celle des parents de la victime, je m'abstiens de le faire, évidemment. Mais je ne souhaite pas à la pire ordure d'endurer même le millième du choc que j'ai éprouvé ce soir-là.

# 9

## Comprendre Matthieu

*Dominique et Sophie Moulinas*

Personne ne pouvait comprendre le deuxième crime de Matthieu. Personne ne l'avait vu venir et la France tout entière, c'est naturel, éprouvait un choc en apprenant les faits. Comment était-ce possible ? Il fallait que le meurtrier fût un monstre. On voulait tout savoir sur le monstre. Lui ne parlait pas. Il fallait donc que nous, ses parents, fournissions l'explication qui rassure. C'était, plus que notre rôle, notre devoir. Notre devoir vis-à-vis de la société. Et, en même temps, c'était notre punition pour avoir créé, élevé et protégé cet enfant monstrueux.

Dès le lendemain de l'arrestation de Matthieu, tout un système d'enquête étatique et judiciaire a fondu sur nous. Il était incarné par des juges, des psychologues, des éducateurs, des médecins. Tous cherchaient la cause du drame en nous. La faille. Ça ne pouvait pas être autrement. Il devait y avoir une faille en nous. Une faille chez nous.

*Sophie Moulinas*

Je crois, moi, qu'il y a bien quelque chose en nous, en effet. En moi, au moins. Si je suis moins capable de raconter notre histoire que Dominique, si j'ai tellement de mal à trouver les mots, ce n'est pas seulement parce que j'ai moins de forces et peut-être moins le courage de ressasser toute cette horreur. C'est aussi parce que, depuis bientôt cinq ans, je suis occupée à chercher cette faille.

*Dominique Moulinas*

Au lendemain de l'arrestation de Matthieu, avant les gendarmes, ce sont les journalistes qui débarquent chez nous. Comme dans les films américains, ils prennent place dans la petite allée qui mène à notre pavillon, par dizaines. On aperçoit même des camionnettes avec des antennes sur le toit pour les chaînes télévisées d'information continue.

À Nages-et-Solorgues, certains essaient de pénétrer dans notre ancienne maison, mais les propriétaires les envoient paître. Dans la panique, nous demandons à ma mère d'emmener Margaux et Zélie chez elle, dans le Vaucluse. Nous avons téléphoné à la sœur aînée de Mélina qui vit à Paris. Elle a pris un train tôt le matin, elle vient chercher la petite, en état de choc elle aussi, bien sûr : elle connaissait Agnès, et c'est son copain, son ami intime, qui a fait ça... Une cousine de Sophie et son fiancé nous proposent leur aide : ensemble, ils repoussent des photographes qui ont abordé la clôture grillagée de notre jardin. Nous n'ouvrons pas les volets. Nous nous sentons acculés. Le samedi, dans la soirée, comprenant qu'ils n'obtiendront rien, les journalistes repartent à Nages.

Le matin même, la gendarmerie de Clermont-Ferrand nous a téléphoné : « Restez chez vous, nous arrivons. » Ils viennent perquisitionner. « Ne vous inquiétez pas, on vient en civil et en voiture banalisée par rapport à la presse. » L'après-midi, en effet, deux gendarmes se présentent. Je ne sais pas ce qu'ils savent sur les Moulinas quand ils entrent dans notre maison, mais je lis dans leur regard qu'ils n'en reviennent pas. Ils n'en croient pas leurs yeux. Ils ne le formulent pas, mais à l'évidence, puisque les actes du meurtrier étaient fous, ils s'attendaient à entrer dans une maison de dégénérés. Ils insistent longtemps : « Vous avez fait quelque chose dans la maison ? Avez-vous changé quoi que ce soit ? » Puisqu'ils m'avaient prévenu... Non. On n'a pas refait les peintures, on ne s'est pas fait livrer de jolis meubles, on n'a pas caché les posters de femmes à poil sous les tableaux peints par nos enfants. Ils semblent étonnés de voir une machine à expresso, des chaises autour d'une table, un poêle à bois, une cuisine familiale. Et quand ils entrent dans la chambre de Matthieu, une couette tendue sur le lit, une collection de mangas, une lampe de chevet…

Ils prennent tout en photo, chaque détail. Bien sûr, ils voient aussi nos têtes, défaites, c'est peu de le dire. Ils prennent des précautions vis-à-vis de nous, comme les gendarmes qui avaient arrêté Matthieu après qu'il eut violé Julie. Nous sommes tous des êtres humains, et du même niveau social. Je lis dans leur regard qu'ils s'identifient à nous.

Dans un meuble à casiers, ils découvrent une boîte pleine d'un bric-à-brac informatique, des câbles, des cartes à puce, le disque dur d'un ancien ordinateur portable de Mélina. « Qu'est-ce que c'est tout ça ? — Du vieux matériel que Matthieu a gardé. Il aime bien bricoler dans les machines pour voir comment ça marche. » Les gendarmes embarquent la boîte. « Madame Moulinas, nous vous emmenons à Sommières pour vous interroger. » Ils m'appelleront quand ce sera terminé pour que je vienne la chercher.

*Sophie Moulinas*

Je suis désolée, je me souviens à peine de cet interrogatoire. Dans ma tête, il se mélange avec tous les autres. Toutes ces heures que nous avons passées à répéter les mêmes choses, et à regretter qu'on ne savait pas, qu'on ne croyait pas, qu'on ne pensait pas.

*Dominique Moulinas*

Le dimanche soir, mon frère Didier m'appelle de Lille. « Ils ont donné une conférence de presse, au lycée. Ils ont dit que tu ne les avais pas prévenus. Qu'ils n'étaient au courant de rien. C'est vrai, ça ? »

Mon propre frère me pose cette question-là. Il doute de moi. Je regarde la télévision. Je vois Philippe Bauwens et le conseil d'administration du Cévenol au complet, alignés derrière une table, face à une foule de micros. « Nous n'avions pas connaissance du passé judiciaire du jeune homme. » Pourquoi Philippe Bauwens n'a-t-il pas répété ce qu'il m'avait assuré, à moi, que « tout enfant a droit à une deuxième chance » ? Pourquoi est-ce qu'il a éprouvé le besoin de se couvrir ? Ce n'est pas en racontant des salades qu'il pourra faire revenir Agnès. J'apprendrai, plus tard, qu'il cherchait à sauver le Cévenol. Qu'aussitôt après le drame de nombreux parents ont enlevé leur enfant de l'établissement, qui finira par fermer ses portes, d'ailleurs… Mais, sur le moment, son mensonge ne sert qu'à me blesser en me faisant passer aux yeux de la France, à commencer par ma propre famille, pour un dissimulateur, un manipulateur, un irresponsable.

Pour autant, je ne veux pas démentir maintenant. La vérité, je l'ai dite, et elle sortira. Je n'utiliserai pas les médias pour la faire jaillir, j'attendrai que la justice fasse son travail, j'ai confiance en elle. Et, de toute façon, de quoi aurais-je l'air face à une caméra ? Est-ce qu'on me croirait seulement ? On ne verrait en moi que le père du monstre occupé à se couvrir, autant dire à nier ses responsabilités. Ce serait indécent. Ne serait-ce que vis-à-vis des parents de la jeune Agnès, je ne peux rien dire, pas même la vérité. Pendant des années, et jusqu'à l'écriture de ce récit, je ne bougerai pas un cil sans penser à monsieur et madame Marin, à leur douleur, à leur colère légitime.

Philippe Bauwens et les autres peuvent raconter n'importe quoi. Mon frère peut douter de ma probité, je m'en fous. Je ne dois penser qu'à ma famille.

Maître Diez nous a avertis que Matthieu a été présenté au juge d'instruction. Il est mis en examen pour assassinat et viol sur mineure, et placé en détention à l'EPM (Établissement pénitentiaire pour mineurs) de Meyzieu, dans la banlieue lyonnaise. Assassinat parce que la préméditation est retenue, en raison de la présence d'un couteau dans son sac. Un journaliste annonce sur BFM l'arrivée à Meyzieu du meurtrier présumé de la jeune Agnès. Je suis fou de colère. Vu ce qu'il a fait, il va être bien accueilli par les autres détenus… Nous passons toute la journée en ligne avec maîtres Diez et Mimran qui se montrent rassurantes : notre fils sera isolé des autres et le juge a choisi cet EPM parce qu'il comprend un plateau technique et psychiatrique de qualité. La question de la maladie est donc déjà abordée.

Depuis vendredi soir, depuis la femme gendarme qui m'a annoncé l'enchaînement des actes commis par Matthieu, je suis presque sûr que les événements récents, comme ceux de l'été précédent, relèvent de la psychiatrie. Toutes mes certitudes, qui s'appuyaient notamment sur les expertises du docteur Claude Aiguesvives, sont tombées en une seconde. Nous nous sommes tous trompés. Tous, nous avons tout raté. Moi le premier, Sophie ensuite, Claude Aiguesvives, maître Mimran, les membres de la PJJ... Malgré la douleur, l'effarement, j'ai pensé cela, immédiatement. Mais alors, un EPM, c'est-à-dire une prison, ne peut être adapté à Matthieu. « Maître Diez, internez-le ! Vous voyez bien qu'il est malade ! — Monsieur Moulinas, Meyzieu, c'est l'affaire d'un mois. Dès que Matthieu sera majeur, il sera transféré au SMPR de Lyon où le professeur Lamothe, un médecin très compétent, le prendra en charge. »

Un SMPR, Service médico-psychiatrique régional des prisons, est une unité de soins placée au sein même d'une prison. Cela reste une prison, mais les détenus y sont suivis sur le plan médical. Matthieu ne sera pas hospitalisé parce que, en apparence au moins, depuis son retour au lycée après le crime, mercredi soir, il présente un état normal. Il comprend les questions qu'on lui pose, il répond plus ou moins, il ne semble pas excité ou dangereux, ni pour les autres, ni pour lui-même.

Le lundi, je demande à parler avec un éducateur de la PJJ à Meyzieu. En attendant que notre demande de parloir soit examinée, me dit-il, je peux apporter à mon fils des caleçons et des chaussettes ; pour le reste, il doit se contenter des vêtements fournis par l'administration pénitentiaire. J'imagine Matthieu en costume de bagnard… La dernière image que je garde de lui est celle d'un garçon qui pleure et me supplie de l'abandonner parce qu'« il a tout gâché ». Suis-je un homme mauvais parce que je me soucie de lui alors que monsieur et madame Marin pleurent leur fille ? Je pense à ce couple, à cette enfant, mais pour eux, hélas, il est trop tard, je ne peux rien faire. Pour mon fils, mon fils malade, j'en suis convaincu maintenant, je peux encore être un père.

Je me rends à Meyzieu. J'y rencontre l'éducateur qui me fait du bien. Il est jeune, souriant, il dédramatise : « On a bien accueilli votre fils. Malheureusement, un peu comme une *rock star*. On l'attendait, hein, grâce aux médias… » Il me dit qu'il a été placé à l'isolement et qu'il n'entend pas les cris des autres gamins détenus là et qui veulent le trucider. Cent vingt gamins qui ne sont pas des enfants de chœur mais qui n'ont pas violé, pas tué, pas brûlé. Qui connaissent le code d'honneur des prisonniers : on ne viole pas. Matthieu a massacré leur petite sœur. L'éducateur me rassure : « Votre fils n'entend rien ni personne, les menaces ne l'atteignent pas. »

Mais moi, j'entends ce qui se dit à la radio, et la récupération politique du drame m'insupporte déjà. Le Premier ministre, François Fillon, s'est entretenu sur l'affaire avec trois de ses ministres chargés de la Justice, de l'Éducation et de l'Intérieur. La question de la récidive a été évoquée. Fillon surjoue l'indignation et promet « des mesures fortes pour que jamais cela ne puisse se reproduire », notamment « l'information obligatoire entre les services de justice et le chef d'établissement ». Pourtant « le dossier Matthieu » était transparent, quoi qu'en dise le conseil d'administration du Cévenol.

Après cette réunion interministérielle, le garde des Sceaux annonce une série de réformes dont « le placement en centre éducatif fermé systématique pour les auteurs de violences graves ». Sauf que si ce type d'alternative à la prison avait été possible, la juge d'instruction y aurait placé notre fils, non ? D'ailleurs les syndicats de magistrats se prononcent déjà contre les mesures promises : une procédure d'information risquerait de conduire les chefs d'établissement à refuser systématiquement de scolariser les mineurs délinquants ou criminels, annihilant toute chance de réinsertion : pour un qui récidive, en effet, combien qui saisissent la chance qui leur est offerte de reprendre le droit chemin ? Ils dénoncent même l'accumulation de lois et de mesures adoptées depuis 2004 : la création d'un fichier des auteurs d'infractions sexuelles, l'allongement de la durée de détention, l'instauration des obligations de soins qu'ils n'ont pas les moyens de mettre en vigueur.

Sur la route du retour vers Souvignargues, je peste contre ce gouvernement qui fait du sensationnel avec le malheur des gens. Je ne doute pas qu'il soit nécessaire de revoir les règles et les lois, je suis bien placé pour constater que notre système est perfectible, mais je doute que faire tant de bruit, si vite, sans réfléchir, constitue la meilleure manière d'avancer. Nos représentants politiques ne devraient pas céder à l'agitation. Et moi, le représentant de Matthieu, dix-sept ans, malade au point qu'il commet le mal absolu, je dois aussi prendre le temps de réfléchir à ce qui est le mieux pour lui.

*Sophie Moulinas*

Dominique et moi avons été mis en arrêt maladie, tout de suite. Comment faisait-on alors pour se lever, cuisiner pour les filles, je ne sais pas. Les gens que nous connaissions, pour la plupart, ont été touchés et compatissants, et protecteurs. Dès le début de la semaine, un copain nous a alertés : il y avait des journalistes devant le collège de Margaux, il ne fallait pas la renvoyer en cours tout de suite. De même, les étudiants de Dominique, ses collègues et copains (c'est-à-dire la liste de tous ses contacts sur Facebook) avaient été sollicités pour répondre à des interviews. Notre amie Martine nous a téléphoné en rigolant : « Vous m'invitez toujours à l'apéro, et jamais au petit-déjeuner. Pas de chance pour moi ! » En effet, sur BFM, un lointain cousin de Julie avait déclaré que, à l'heure du café et des croissants, on regardait des films pornographiques en famille. Ses propos avaient même été repris dans *Le Figaro* !

Nous avons vite compris que nous serions désormais la cible de la bêtise la plus vile qui soit et que nous ne pouvions rien faire contre ça. Nous avons choisi de ne pas répondre aux attaques, aux mensonges, au dénigrement. Pour ma part, je n'aurais pas eu la force de m'exprimer de toute façon. Quant à Dominique, il était trop occupé à nous aider à tenir debout, les filles et moi, et même Matthieu.

*Dominique Moulinas*

Dès le premier parloir, où je me rends avec Sophie deux semaines après l'arrestation de Matthieu, notre fils se montre content de nous voir. Il nous dit même des choses qui nous paraissent hallucinantes tant elles contrastent avec le meurtre qu'il a commis et les images d'horreur avec lesquelles nous vivons depuis : « Ça ne me gêne pas de porter les fringues de la prison, mais c'est quand même vachement moins sympa qu'au Pontet, ici. » Il établit une hiérarchie parmi les établissements pénitentiaires, sans affirmer toutefois qu'il devrait se trouver ailleurs. Il constate simplement : « Ici, c'est moins bien, y'a moins de confort. » Il s'est entretenu avec ses deux avocates, avec le docteur Lamothe aussi, mais pour l'instant, il ne prend aucun traitement. Il n'a besoin de rien. Il ajoute qu'il rencontre une psychologue et nous indique son nom, elle aimerait nous rencontrer.

Nous ne savons pas, en l'écoutant, s'il va bien, ni même qui il est. Nous ne voyons aucune différence entre le Matthieu qui est devant nous et celui qui, trois jours avant de tuer Agnès Marin, enseignait l'art du diabolo à Zélie. Pourtant, entre ces deux images « normales » de lui, il est bien devenu fou. Pour quelques heures au moins, il a atteint un état de démence. « Dis-nous, Matthieu. Raconte-nous. Qu'est-ce qui t'a pris ? » Il ne nous donne qu'une seule réponse : « Je ne sais pas. » De même qu'il n'était pas parvenu à parler de Julie pendant des mois après l'été 2010, il n'exprime rien au sujet d'Agnès Marin. Nous insistons : « Matthieu, nous avons besoin de comprendre. Tu peux l'entendre, ça ? » Oui, dit-il, mais il n'est pas capable de nous aider pour autant.

Ensemble ou séparément, Sophie et moi, à tout instant, cherchons. Aidés par tous les enquêteurs et tous les psys que nous rencontrons, de notre plein gré ou à la demande de la justice, nous cherchons. Nous n'avons aucune clé, c'est à devenir fous nous-mêmes. Nous remontons le fil de sa vie, depuis ses premières semaines. Penchés sur les albums de photos, on décortique chacun de nos souvenirs liés à son enfance. On regarde notre petit garçon, en salopette, sur un vélo, l'image même de la douceur et de l'innocence. La vision effrayante de l'adolescent qui torture s'impose brutalement à nous. Nous devons nous forcer à admettre qu'il s'agit du même enfant, de la même personne. C'est impossible. Et pourtant si. Le supplice d'Agnès. Les gestes commis par Matthieu. On se dit qu'il a dû subir un traumatisme qu'on n'a pas perçu. Peut-être son rhume de hanche, l'année de ses sept ans, lorsqu'il fut immobilisé sur un lit d'hôpital ? Un épisode de vie pénible, certes, mais si terrible, vraiment ? On s'interroge. On ne trouve pas. On se refait aussi, en permanence, le film entre les deux crimes : comment est-ce possible, vu le nombre de psys qu'il a vus, etc. Nous ne découvrons pas même le début d'un commencement de piste.

L'agitation médiatique est hostile, mais elle nous force à rester vigilants. Les courses, nous les faisons en nous cachant, à bonne distance du supermarché où nous allions avant. Nous regardons souvent autour de nous, comme des braqueurs en cavale.

Nous cherchons surtout à protéger nos deux filles. Zélie est retournée en classe sous la protection attentive de son institutrice et de la directrice de son école à qui j'ai expliqué la situation. De même, Margaux est revenue au collège. La principale, que j'ai rencontrée, veille sur notre enfant marquée, forcément, par le drame familial : elle n'est qu'au début de sa quatrième et son frère, elle le sait, a tué une enfant de son âge.

*Sophie Moulinas*

Des psychologues nous avaient mis en garde : Zélie, alors âgée de six ans et demi, devait apprendre ce que son frère avait fait de notre bouche. Pour son bien. Pour le nôtre, elle a mis des couleurs sur l'horreur. Spontanément, elle a parlé : « Matthieu c'est mon frère. — Oui, Zélie. Matthieu est ton frère et il sera toujours ton frère. — Oui, mais il y a un Matthieu blanc, et il y a un Matthieu rouge. Matthieu blanc, c'est mon frère. Il est à la maison. Il joue avec moi. Matthieu rouge, je veux pas le connaître. » Elle avait plus de discernement que nous tous. Elle nous a décrit les symptômes d'une forme de schizophrénie qu'un psychiatre a évoquée, par la suite, lors du procès en appel. Elle nous apportait la solution : si nous parvenions à contenir ce Matthieu rouge, et encore mieux, à le terrasser, nous n'aurions plus que le Matthieu blanc, celui qui ne fait de mal à personne, celui que nous pouvons aimer.

*Dominique Moulinas*

Dix-huit mois vont s'écouler jusqu'au procès. Au début de l'année 2012, Matthieu ayant atteint sa majorité, il est transféré à la maison d'arrêt de Lyon-Corbas au sein du SMPR, le Service médico-psychiatrique régional des prisons. Nous allons le voir deux fois par semaine. Nous en avons besoin. Il faut que nous soyons présents à ses côtés parce qu'il nous fait du bien – parce qu'il est « normal » lorsque nous le voyons – mais aussi parce qu'on espère chaque fois entendre de sa bouche un nouvel élément d'explication. À la demande des deux juges d'instruction de Clermont-Ferrand, François Maury et Jean-Christophe Riboulet, la PJJ de Lyon mène son enquête. Une enquête poussée. Nous rencontrons une psychologue, une assistante sociale et une éducatrice, plusieurs fois chacune. Elles viennent chez nous. Nous nous rendons aussi dans leurs bureaux, dans une banlieue lyonnaise, triste. Nous y allons seuls, ou à deux. Elles questionnent aussi Matthieu. Nous répondons aux convocations des juges : trois pour Sophie, quatre pour moi. Ils nous interrogent, sans fin, parce qu'eux aussi cherchent des explications.

Pourtant, pendant tout ce temps-là, la question de la maladie n'est jamais vraiment posée, sinon par nous. On nous demande quel « spécialiste » Matthieu a consulté après le viol de Julie. Et, notamment, cette psychiatre du Puy-en-Velay qui parlait si mal français, pourquoi elle ? Comme si nous l'avions choisie... Pour la justice, il ne s'agit pas tant de remettre en question les diagnostics posés que de pointer les défaillances qui se sont produites entre les deux crimes.

Après le viol de Julie, maître Mimran nous avait annoncé deux années d'attente, au moins, avant le procès. Matthieu a commis un deuxième crime, atroce, il n'est plus question de libération provisoire, évidemment, plus question de scolarité ni de « nouvelle chance ». Notre fils, comme chacun des membres de notre famille, a intégré immédiatement qu'il ne vivrait plus jamais avec nous.

Il ne s'en plaint pas. Il répète déjà qu'il ne veut pas être libéré. Qu'il recommencerait. Il paraît tantôt éteint, tantôt désolé. Il n'exprime pas de sentiments profonds. Nous ne savons pas s'il les cache ou s'il n'en éprouve tout simplement aucun. Au fil des mois, nous allons constater qu'il ne va pas bien et que son état ne doit rien à l'enfermement. Au contraire, c'est l'enfermement qui va faire de lui un sujet à observer sur le long cours et permettre de poser un diagnostic valable. Mais nous n'en sommes pas encore là.

La détresse que nous avons éprouvée en août 2010 est dix fois plus puissante aujourd'hui. Une enfant est morte, et si ce n'est pas de notre main, c'est de la main de notre fils. Notre vie ne ressemble même plus à ce qu'elle était depuis un an et quatre mois quand, déjà, la culpabilité s'était logée en nous. Nous osons à peine respirer. Les années scolaires, de septembre à juillet, les vacances de Noël, celles d'été, les examens des enfants, les goûters d'anniversaire et les soirées entre amis, tout ce qui rythme la vie d'un foyer n'existe plus. Le temps s'étire désormais comme un cauchemar dont on ne parvient pas à s'extraire. Nous éprouvons une forme de hâte que Matthieu soit jugé pour ce qu'il a fait parce que nous comptons sur le procès pour nous apporter les réponses que nous n'avons pas encore, et que personne ne semble parvenir à trouver.

D'un autre côté, nous ne sommes pas prêts à endurer un procès. Nous ne sommes pas prêts à nous montrer, à faire face à Julie et aux parents d'Agnès Marin, nous avons peur de lire la douleur infinie dans leur regard. Nous ne souffrons pas seulement d'avoir perdu Matthieu. Sophie prie pour les victimes, chaque soir, avant que les médicaments qu'elle avale en nombre l'assomment pour quelques heures, elle prie pour qu'Agnès Marin repose en paix, elle prie pour que ses parents trouvent une forme d'apaisement. Elle prie sans relâche, parce qu'elle sait que c'est impossible. Parce qu'elle est une mère, parce qu'elle a des filles, elle aussi, parce qu'elle a souffert enfant, elle aussi. Personne n'est mieux placée qu'elle pour éprouver une empathie sincère vis-à-vis des victimes de ces deux drames. S'ajoute, pour elle, la perte de Matthieu et la honte, la culpabilité, toujours. Elle est punie, sévèrement, et ça me rend dingue de ne pas savoir pourquoi. Pour avoir fait quoi ? Rien. Combien de temps nous faudra-t-il pour relever la tête ?

Nous ne sommes pas prêts pour un procès. Le temps de la justice, habituellement long, nous protège, en quelque sorte, en nous permettant de nous préparer. Mais, cette fois-ci, il ne se préoccupe pas de nous : ce que les médias appellent « l'affaire Agnès Marin » a fait tant de bruit, a tellement agité la société et la classe politique, que la justice, cette fois, veut faire vite. Il faut se dépêcher de comprendre l'assassin. Nous avons hâte, nous avons peur, nous n'avons rien à dire. Nous devons nous adapter, c'est normal. Nous sommes impuissants. Nous ne sommes que des parents.

Nous n'avons rien compris à notre fils et nous ne comprenons toujours rien. Nous ne possédons pas les compétences nécessaires. Nous ne sommes capables que de l'aimer.

*Sophie Moulinas*

J'ai sur le bras gauche une tache rouge qui a la forme d'un fœtus. Enfant, déjà, je la regardais, je la caressais, et je choisissais d'y voir le signe qu'un jour je serais maman. Je chérissais cette marque comme une promesse de bonheur. Maintenant je me demande si je ne me suis pas trompée sur sa signification. Cette tache de sang ne symbolise peut-être que la violence et je pense à me la faire enlever. Depuis longtemps, depuis toujours, je cherche à donner du sens à ce qui n'en a peut-être pas.

Alors que Matthieu avait sept ans, je me suis intéressée à la psychogénéalogie. C'est lui qui m'a aiguillée vers cette discipline qui vise à expliquer nos propres maux et problèmes par les traumatismes vécus par nos aïeux, comme si nous en héritions. Il était alors en CE1. Ses enseignants se plaignaient de son attitude effacée, distante, voire, carrément, de ses absences alors que son petit corps se tenait bien là, sagement assis sur sa chaise... Il rêvait beaucoup et il avait une imagination très fertile. Il vivait avec nous mais il paraissait ailleurs, et nous avions souvent le sentiment de devoir faire l'effort d'entrer dans son monde. Je m'inquiétais de ce que j'avais pu lui transmettre, de façon inconsciente, à cause de ce que j'avais enduré et que je continuais d'endurer sans le savoir.

Pour essayer d'y voir plus clair, donc, j'ai consulté une psychogénéalogiste, mais je ne suis pas allée tellement plus loin. C'était trop douloureux. Si, quand même, je suis allée écouter une conférence de l'acteur et réalisateur Alejandro Jodorowsky, l'un des auteurs du concept. Il s'appuyait sur sa propre expérience pour démontrer que, même lorsqu'on a coupé tout lien avec sa famille, on continue de la porter. J'ai pleuré… Il exprimait une vérité personnelle, sa vérité, mais elle faisait tellement écho en moi…

Là, j'ai compris que mon histoire marquait et marquerait forcément mes enfants. Et j'ai pleuré parce que je souffrais de l'enfance que j'avais eue et qui m'empêchait d'être moi-même, entière, confiante, heureuse et épanouie. Forcément, lorsque Matthieu a commis ses crimes, je me suis sentie coupable de ne pas avoir fait le travail nécessaire pour mettre mes souffrances passées derrière moi, derrière nous.

En août 2010, lorsqu'il a violé Julie, il ne savait rien de ce qui m'était arrivé, à moi, trente ans plus tôt. Après Agnès, la psychologue de la PJJ m'a demandé si Matthieu avait été victime d'attouchements sexuels, s'il nous avait parlé de ça. Non, rien du tout. « Et vous, m'a-t-elle demandé, et vous madame Moulinas ? » Matthieu savait que j'avais été abandonnée, mais pas ce qui m'était arrivé enfant. Cela aussi nous a été reproché par les juges d'instruction.

Je me suis demandé : pour que Matthieu agisse ainsi avec des jeunes filles, avec les femmes qui sont à sa portée, quelle image a-t-il de la femme et de la mère ? Quelle place accorde-t-il à la femme ? La femme c'est moi, et dans ma lignée c'est ma mère, prostituée ; dans la lignée de Dominique ce sont certaines femmes qui ont aussi vécu des choses difficiles.

Selon les théories de la psychogénéalogie, les filles ne sont pas celles qui donnent le mal (elles sont agressées) tandis qu'un premier né peut être là pour arrêter un cycle de douleur. Ainsi Matthieu, afin de mettre fin au malheur des femmes dans notre famille, aurait commis des crimes pour éviter à ses sœurs un destin douloureux. Il se serait chargé du mal pour qu'elles en soient déchargées. Comme un sauveur. Un médicament. Et ainsi le secret est révélé.

Je tire ce fil, j'essaie de le remonter, pour comprendre. Je me sens coupable de ne pas connaître le secret de mes origines. J'ai essayé de combattre tout ce que ma mère était, la femme prostituée, qui abandonne, et j'ai honte de ce qu'on m'a fait, et de ce que Matthieu a fait, mais je n'ai pas le courage d'aller exiger la vérité de ma mère. Si je lui avais tendu la main, plus tôt, est-ce que tout cela serait arrivé ? Il est trop tard de toute façon. Tout ce que j'ai détesté en elle est revenu à moi : mon fils a violé. Ça m'est arrivé, à moi.

### *Dominique Moulinas*

C'est arrivé à Matthieu. Celui-ci a deux parents, un père avec son passé, une mère avec son passé, qui s'aiment depuis vingt-six ans, qui le soutiennent malgré les épreuves. La psychogénéalogie m'intéresse et je ne suis pas complètement sceptique, mais je ne sais pas s'il faut absolument chercher une explication à ce genre d'événement, si dramatique soit-il, ni même s'il y en a une. Le professeur Rufo m'a dit ceci : « Monsieur Moulinas, quand vous attrapez le virus de la grippe, est-ce que vous vous demandez pourquoi ? » Sophie a besoin d'explication parce qu'elle se croit coupable de ce qu'a fait Matthieu. Elle est convaincue que tant qu'elle n'aura pas trouvé ce qu'elle a dit ou fait pour que Matthieu fasse ça, elle n'ira pas mieux. Moi, certains jours au moins, je parviens à penser que voilà, c'est arrivé, c'est comme ça. Les malades mentaux ne sont pas forcément des gamins traumatisés, battus, violés. Camille Claudel était folle à lier, je ne suis pas sûr que ses parents y aient été pour quelque chose.

*Sophie Moulinas*

En 2012, nous avons commencé une thérapie familiale au CRIAVS de Montpellier. Il s'agit du Centre ressource pour les intervenants auprès des auteurs de violences sexuelles, un organisme qui fait partie du CHU. Nous y rencontrions un psychiatre, Mathieu Lacambre, ainsi qu'un psychologue et une psychothérapeute, une équipe soudée et réellement compétente parce que chacun de ses membres avait fait des violences sexuelles sa spécialité. Nous leur parlions de notre incompréhension, de nos vies ravagées et de notre souci de préserver Margaux et Zélie.

Nous nous réunissions dans une pièce, en cercle et, symboliquement, nous laissions une chaise vide pour Matthieu : même s'il n'était pas présent, il avait sa place dans notre famille.

Selon le docteur Lacambre, une famille est comme un iceberg : on n'en voit que la partie émergée mais celle-ci est liée à la partie immergée, qui peut être profonde, solide, ou pas : sous la ligne de flottaison, c'est le mystère. Et un morceau qui se détache part à la dérive, inexorablement. Ainsi, tant que Matthieu resterait accroché à nous, c'est-à-dire à sa base, à la part la plus fiable de lui-même, il ne serait pas tout à fait perdu. Avec l'aide des personnes compétentes sur le plan psychologique, il pourrait « se corriger », se reprendre, être soigné, être contenu.

Aussi invraisemblable que cela puisse paraître, après que Matthieu eut violé Julie, pas un seul professionnel de la santé ni de la justice dans le Gard ne nous avait parlé de l'existence du CRIAVS. Je suis convaincue que si Matthieu avait été pris en charge par le docteur Lacambre et ses équipes, cela aurait pu changer le cours des choses. Bien sûr, avec des si, on récrit l'histoire, on rend la vie. N'empêche que le docteur Lacambre et ses collègues nous livraient une parole professionnelle, issue d'une réflexion rigoureuse et poussée, qui nous faisait beaucoup de bien.

Savoir notre fils en prison alors que nous le pensions malade nous inquiétait beaucoup en revanche.

Nous nous disions que son état risquait de s'aggraver – et c'est ce qui est arrivé. Le docteur Lacambre affirmait : « Si Matthieu est enfermé en hôpital psychiatrique, il ne sortira jamais parce qu'aucun expert ne prendra le risque de le libérer. » Ce n'était pas notre souci : « Docteur, on se fiche qu'il soit libéré. On veut qu'il soit soigné. »

Mais, pour cela, il fallait d'abord que les médecins et la justice conviennent qu'il était malade.

# 10

## Nouvelles expertises

*Dominique et Sophie Moulinas*

Dès les semaines qui suivent la mort d'Agnès Marin, les deux juges d'instruction cosaisis sur l'affaire ordonnent une expertise psychologique et une expertise psychiatrique de Matthieu. Leurs conclusions seront rendues en mai et en juin 2012. Elles donneront des clés de compréhension des actes commis par notre fils. Elles achèveront de nous convaincre, nous, les parents du meurtrier, ainsi que nos avocates, maître Diez et maître Mimran, qu'il a agi comme un fou, au sens médical du terme, cette fois. Cette partie de notre récit pourra sembler un peu fastidieuse à la lecture, mais elle est essentielle afin de découvrir un Matthieu dont personne n'avait soupçonné l'existence jusque-là. Un adolescent chez qui la maladie psychiatrique s'exprimait de plus en plus clairement.

Hélène Dubost, psychologue expert près le tribunal d'appel de Lyon, a rencontré Matthieu le 23 décembre 2011, puis le 12 janvier 2012, et enfin le 22 février. Elle écrit dans son rapport que le détenu « explique sans la moindre difficulté ou réticence les faits qui lui sont reprochés ». Il est succinct, néanmoins, sur ce qu'il a infligé à la jeune victime, et il ne semble toujours pas capable de reconnaître la cruauté de ses actes plusieurs semaines après les avoir commis. « Je me suis un peu emporté », puis « ça m'a encore plus énervé », enfin la « panique ».

Il dit être rentré au collège dans la soirée du mercredi 16 novembre et s'être dépêché de prendre une douche : « Parce que j'étais malade… Je sais pas pourquoi, j'étais tout pâle, j'avais des vertiges… Je sais pas pourquoi. » Apparemment, mais ce n'est que notre analyse, formée à la lecture du rapport, il ne faisait pas le lien entre ce crime atroce qu'il venait de commettre, de ses propres mains, et son état de fébrilité dans l'heure suivante. De même, il se plaint presque d'avoir mal dormi la nuit du mercredi au jeudi, sans l'expliquer.

Encouragé par madame Dubost à raconter l'agression de Julie, plus d'un an plus tôt, il répond de façon fractionnée et il bâille. La psychologue écrit : « Il garde ses mains dans les poches de son pantalon ou tire les rares poils du duvet qui parsème son visage, ou encore gratte ses boutons d'acné. Il ne prend jamais la parole spontanément, nous observe par-dessus ses lunettes, à la dérobée le plus souvent, sans aucun sourire. Le visage comme la gestuelle sont hostiles. Il ne cesse de bâiller – *je ne dors pas à cause du froid* –, vécu apparaissant en écho à l'extrême froideur qui transparaît de ses propos comme de son attitude. La première phrase qu'il prononce, et qui reviendra à plusieurs reprises dans les entretiens, est d'ailleurs pour se plaindre du froid. »

Il parle de nous, ses parents, de la même façon qu'il l'a toujours fait dans les enquêtes depuis août 2010 : il nous voit comme des gauchistes, il explique qu'il nous aime, l'un et l'autre, que nous l'aimons en retour et que nous lui imposons des règles, des contraintes auxquelles il veut se soustraire parfois, notamment en matière de liberté de mouvement. Sur ce point, il se comporte comme n'importe quel adolescent. Il tente d'établir son arbre généalogique pour la psychologue et raconte alors tout et n'importe quoi, convaincu de ce qu'il avance. Les prénoms, les générations, les liens de parenté, tout se mélange dans son esprit, exactement comme lorsqu'il était plus jeune : lorsqu'un de nos frères venait à la maison, et quand bien même il l'avait vu dix fois dans l'année, Matthieu était incapable de dire si cet oncle se situait du côté paternel ou du côté maternel.

Il évoque les jeux vidéo Call of Duty, Medal of Honor, Battle Field, Assassin's Creed ou Incarne, précise qu'il ne jouait « jamais plus de deux heures par jour, ça détendait ».

Entre deux entretiens avec madame Dubost, Matthieu nous a confié ne pas avoir un bon contact avec elle. Nous lui avons expliqué qu'il devait collaborer avec cette femme, quoi qu'il arrive, que ni lui ni nous n'étions en position de critiquer le choix de la personne qui l'interrogeait. Il semble, à la lecture du rapport d'expertise, que le ton des échanges ait été en effet très dur par moments, et que la psychologue se soit sentie agressée par Matthieu.

Alors qu'elle évoque sa dyslexie, il lui répond : « C'est de naissance, c'est pas soignable, c'est surmontable ! » Elle commente : « Comme si cela ne devait souffrir d'aucun autre questionnement de notre part, *je suis né comme ça*, assène-t-il encore, ce qu'il n'hésite pas à soutenir avec une tonalité très agressive dans un bref échange face à nous, surprenant par sa brutalité soudaine, sa rigidité et sa froideur. » Elle le questionne alors sur ses émotions. Il affirme ne jamais pleurer, sauf pendant sa garde à vue à Yssingeaux, parce qu'il éprouvait des regrets… de se retrouver là, face aux gendarmes. La psychologue écrit : « C'est parce que nous lui posons la question sur ce qu'il ressent face à son geste qu'il répond de manière tout aussi plaquée que convenue *du dégoût… ça craint… elle méritait pas ça*, ceci étant énoncé sans la moindre émotion, comme s'il commentait un élément factuel dont il aurait été témoin. » De fait, un peu plus tard au cours de l'entretien, Matthieu affirme : « Je savais pas si je pouvais m'arrêter, si c'était réel ou pas. » Et, à propos de Julie : « Pareil, l'impression que c'est pas réel, comme si demain il allait rien se passer. » En effet, le 1er août 2010, il est allé voir sa petite copine, puis son ami Paul, il est rentré à la maison pour préparer nos vacances, comme s'il n'allait rien se passer…

La psychologue qui a mené cette expertise, juste après le meurtre d'Agnès Marin, a surtout mis en avant dans son rapport la froideur excessive de Matthieu. Une grande partie de ce qu'il énonçait était faux, elle n'a pas cherché à connaître le vrai. « Pense-t-il aux faits ? », écrit-elle, reprenant la question qu'elle lui a posée. « *De temps en temps mais j'ai un peu de mal… Je me force… Il faut bien que j'avance, que je trouve pourquoi*, mais il n'a pas *trouvé*, comme s'il attendait, de manière passive, d'obtenir un éclairage extérieur à lui. Peu prolixe sur le sujet, et toujours pour répondre à l'une de nos questions, *si je me vois de l'extérieur, je me vois comme un monstre…* Et de l'intérieur ? *Aussi*, dit-il avec une tonalité toujours aussi déliée de l'affect. » Elle l'interroge sur une éventuelle récidive. « Si je sors, je recommence », affirme-t-il. Visiblement, son esprit malade ne peut envisager une autre option. Dans son délire, il s'en est convaincu.

Au cours de ses entrevues avec madame Dubost, il est apparu clairement que Matthieu ne regrettait pas d'avoir violé et tué une jeune fille sinon pour les conséquences de son crime sur notre vie de famille. En fait, il n'avait pas pris conscience de la douleur qu'il avait infligée à Agnès et à ses proches. Aujourd'hui, quatre ans et demi plus tard, grâce au traitement médicamenteux, psychiatrique et psychologique, il progresse peu à peu dans ce sens. Dans l'essentiel, les émotions qu'il manifeste sont la joie – lorsque nous venons le voir, lorsqu'il apprend une bonne nouvelle nous concernant, nous ou ses sœurs –, la peur – de ne pas être soigné, de sortir et de peut-être recommencer –, l'agacement – face à la composition des plateaux-repas de la prison, jamais un autre fruit qu'une pomme pour le dessert, et sa faim jamais rassasiée, son corps maigre jamais assez rempli. En revanche, l'empathie réelle vis-à-vis des victimes, il ne l'a jamais manifestée. Cette incapacité à exprimer un sentiment naturel que nous lui connaissions, par ailleurs, dans la vie de tous les jours, associée à la sensation d'irréalité qu'il éprouvait lorsqu'il faisait le mal, nous ont fortement poussés à croire que notre fils souffrait d'une véritable maladie psychiatrique.

Nous n'avons jamais cherché à excuser Matthieu, à le disculper, à nier sa responsabilité dans les crimes qu'il a commis, mais seulement à connaître la vérité afin qu'il soit soigné. Pour cela, nous comptions évidemment beaucoup sur l'expertise psychiatrique menée elle aussi quelques semaines après la mort d'Agnès Marin par deux médecins, le professeur Elchardus et le docteur Bissuel, nommés ensemble par le juge d'instruction dans le but louable de multiplier les avis d'experts, et donc d'obtenir un avis doublement fiable. En tant que simples prof et comptable, nous ne nous serions jamais autorisés à critiquer le travail de ces deux médecins si nous n'avions pas obtenu, par la suite, des avis différents des leurs sur Matthieu. Maître Mimran nous avait alertés dès la mi-décembre : « Les juges ont mandaté un collège d'experts, mais n'attendez pas d'eux qu'ils prennent trop de risque. L'émotion du public est trop forte depuis la mort d'Agnès Marin au Cévenol, tout le monde veut la peau de votre fils. Les experts ne se mouilleront pas... » En effet.

Chacun d'eux a vu Matthieu lors d'un entretien individuel, puis une deuxième fois, ensemble, entre le 26 décembre 2011 et le 27 février 2012. À eux comme à toutes les autres personnes qui l'ont interrogé dans le cadre de la procédure judiciaire, il a raconté des choses vraies comme des mensonges, auxquels il croyait fermement, semble-t-il. Il a dit sa phobie des insectes, son désir de les éradiquer de notre jardin notamment. Nous nous souvenons seulement d'une phrase qu'il avait prononcée, enfant, alors que des moustiques lui tournaient autour en plein été : « Je voudrais lâcher une bombe atomique pour qu'il n'y ait plus un seul moustique sur terre ! » Nous lui avions expliqué qu'une bombe atomique n'éliminerait pas seulement les insectes. Il ne s'est par contre jamais plaint des araignées, des moucherons ni de toutes les bestioles qu'il croisait nécessairement lors de ses virées en compagnie des Éclaireurs. Il adorait la nature, les randonnées, il laissait traîner des miettes de biscuits au pied de son lit : il n'a jamais manifesté les signes d'une véritable phobie des petites bêtes.

De même, Matthieu a raconté qu'il était toujours seul à l'école, qu'il n'avait pas d'amis, que les autres élèves se moquaient de lui à cause de son physique chétif, « faible », dit-il, comme s'il avait honte. « Mes soi-disant amis riaient de moi dans mon dos », il l'a assuré souvent ces dernières années. Nous l'avons toujours connu, nous, aussi entouré et sociable que possible.

À propos d'Agnès Marin, Matthieu s'exprime comme il l'a fait face à madame Dubost. Assez froidement, sans donner trop de détails à moins d'y être encouragé par les deux experts, et avec « un léger sourire », comme ils le remarquent à plusieurs reprises. « J'ai mélangé colère et fantasme », précise-t-il. « J'ai agi par pulsion et absolument sans réfléchir. » Plus loin, il prononce une phrase qui nous a terrifiés lorsque nous l'avons lue : « La drogue, ça m'a servi d'excuse pour ma sortie du Pontet, comme les jeux vidéo et la dépendance au monde virtuel. » Il ment sur son sommeil, assurant qu'il jouait parfois en ligne jusqu'à six heures du matin, alors qu'il a affirmé à madame Dubost qu'il ne jouait que « deux heures à la suite » parce que « ça détendait ». Il nie avoir téléchargé un film pornographique sur un ordinateur du lycée. Sur ce point, nous ne savons quoi penser. Il se décrit comme solitaire, conscient de son intelligence, méprisant envers les autres, punk, marginal, anarchiste, méfiant au point de ne jamais sortir sans un couteau dans sa poche, voire paranoïaque.

Il affirme que moi, Dominique, j'ai été un marginal comme lui, juste sur la foi d'une photo de moi, cigarette au bord des lèvres et, d'après le récit de mon adolescence, lorsque je me suis retrouvé seul dans un studio. Pour autant, je ne lui ai jamais dit que mes parents m'avaient rejeté ou abandonné, ni que j'étais parti de moi-même : ma situation résultait d'un arrangement familial qui convenait à tout le monde. Certes, nous avons pu présenter cette situation comme anormale, mais j'ai été surpris que Matthieu l'ait interprétée autrement.

Il ajoute que moi, Sophie, suis plutôt effacée, alors que je ne l'étais pas avant qu'il viole Julie : si je m'en remettais aux décisions de mon mari en matière de discipline notamment, c'est convaincue que nous devions nous exprimer d'une même voix face à nos enfants.

Il est difficile de se connaître soi-même et on ne sait jamais quelle vision de soi on donne à ses proches. Le regard d'un enfant sur ses parents contient forcément une grande part de subjectivité, et l'inverse est vrai aussi. Pour les psychiatres, cependant, les assertions de

Matthieu ont fait de nous un couple de parents déséquilibré, où le père commandait et où la mère acceptait sans rien dire les directives du père. Nous savons pourtant bien, nous, que nous dialoguons beaucoup au contraire et que nous ne finissons pas toujours par trouver un terrain d'entente.

Un passage nous a interpellés à la lecture du rapport d'expertise. Matthieu a raconté comment il a décidé de violer Julie avec cette phrase : « Je me dis. » Comme s'il se donnait un ordre : « Alors je me dis : pourquoi pas violer Julie et je viole Julie. » Les psychiatres l'interrogent sur cette formule, ce « je me dis », et voici ce qu'il répond : « C'est *je me dis* qui l'a dit et ça se termine toujours mal. [...] Au Chambon, le *je me dis* est arrivé sur le moment. » Matthieu ajoute : « Il faudrait éradiquer la pensée pour empêcher l'acte. » De nouveau, s'il éprouve des regrets, c'est parce que son crime a brisé « une bonne dizaine de vies ». Pour nous, il est de plus en plus clair qu'il n'est pas conscient de ce qu'il a fait à Julie et surtout à Agnès, et qu'il n'a pas été capable de maîtriser la voix en lui qui l'a poussé à faire le mal.

Vient alors ce moment hallucinant où les médecins demandent à Matthieu son opinion médicale sur son propre cas, comme s'il était compétent pour s'expertiser lui-même ! Voici le passage, mot pour mot : « Questionné sur son éventuel sentiment d'être le siège d'une double personnalité, l'intéressé répond qu'il n'a jamais eu l'impression d'être habité par une autre personne, et qu'il sait bien que c'est lui qui a commis les actes qui lui sont reprochés. Il dit ne pas être en position d'affirmer que *ça ne recommencera pas.* À propos de l'instruction en cours et de sa mise en examen du chef de viol et d'assassinat, il répond que ça lui est égal car, *au final, c'est la perpette.* » Ainsi, Matthieu se juge-t-il lui-même responsable de ses actes, et se condamne-t-il lui-même au verdict qui sera prononcé à la fin de son procès !

Maître Mimran et maître Diez nous avaient mis en garde : « Ces psychiatres ne prendront pas de risque. » Et en effet, dans leur rapport, sur des pages et des pages, ils ne prennent même pas celui d'émettre un doute sur ce qu'ils annoncent : « L'examen psychiatrique de Matthieu Moulinas ne permet pas de retenir l'hypothèse de la maladie mentale pour expliquer les faits qui lui sont reprochés. Il n'y a en effet aucun élément en faveur d'un trouble psychique qui aurait agi sur ses facultés de discernement ou sur le contrôle de ses actes lorsqu'il s'en est pris à cette jeune fille. Rien ne permet de penser qu'il était délirant, ou soumis à une dissociation psychique, ou encore en proie à une excitation pulsionnelle telle qu'on peut en rencontrer au cours de certaines pathologies de l'humeur. Il n'était pas non plus dans un état de confusion lié par exemple à l'absorption de substances toxiques ; le récit clair et précis qu'il fait de la succession des événements va tout à fait à l'encontre d'un diagnostic de la maladie mentale. » Tout juste, après cet avis, affirment-ils que « le fonctionnement psychologique et la personnalité [de Matthieu] sont profondément troublés », ce qu'ils développent avant de trancher : « Froideur affective et fermeture sur soi caractérisent les personnalités dites schizoïdes[1]. Il s'agit bien d'un trouble de la personnalité et non d'un état schizophrénique. » Amen.

Le docteur Aiguesvives, un an plus tôt, n'avait pas diagnostiqué de maladie chez Matthieu. Il avait imputé son crime – le premier et le seul à ce moment-là – à l'association de prises de drogues répétées et de consommation de jeux vidéo à outrance. Il est facile de dire, après, quand l'irréparable a été commis, que ce premier psychiatre s'est magnifiquement planté et que nous, les parents, n'avons pas eu la clairvoyance nécessaire pour remettre son jugement en question.

Les docteurs Elchardus et Bissuel n'ont pas voulu courir le risque que leur diagnostic – ou plutôt leur absence de diagnostic – soit rediscuté un jour. Leur dernier commentaire sur Matthieu, écrit noir sur blanc à la fin de leur expertise, les met à l'abri : « On conseillera une injonction de soins, essentiellement

1. Le trouble de la personnalité schizoïde se manifeste par un manque d'intérêt pour les relations sociales, l'absence apparente de sentiments et d'émotion, une extrême froideur.

dans un but d'accompagnement, de soutien et d'aide à la prise de conscience. Il s'agira aussi de surveiller l'évolution clinique, l'apparition d'une décompensation[1] psychotique franche n'étant pas à exclure. » En lisant cette phrase, maître Mimran, maître Diez et nous n'avons plus eu le moindre doute : Matthieu était déjà malade lorsqu'il a violé Julie, son état s'est aggravé jusqu'au jour où il a tué Agnès, et il ne s'améliorerait pas tant qu'il ne serait pas pris en charge sérieusement.

Mais une « prise en charge sérieuse » était-elle possible ? Non. Matthieu avait atteint sa majorité, il se retrouvait en prison, il resterait au SMPR de Lyon-Corbas jusqu'à son procès qui n'aurait pas lieu avant des mois, mais assez vite quand même : il n'était plus question de plusieurs années de détention préventive désormais, la société demandait justice sans tarder… En attendant, tout ce que nous pouvions faire pour lui se résumait à une ou deux visites par semaine. Et à tenter de comprendre, encore, toujours, sans relâche, les motivations de ses crimes.

Plus de six mois avaient passé depuis que Matthieu avait tué Agnès. Nous ne savions pas vraiment

1. En médecine, la décompensation désigne la dégradation brutale, sur le plan physiologique ou psychiatrique, d'un organe ou d'un organisme maintenu auparavant en équilibre grâce à des mécanismes dits de compensation empêchant son dérèglement.

comment il allait. Nous avions peur, encore. Il s'en était pris à deux adolescentes, il pouvait s'attaquer à un autre détenu ou à lui-même. Tant que nous ne saurions pas ce qui avait motivé ses actes, nous ne pourrions que craindre qu'il recommence. Fallait-il que cela se produise pour que de nouveaux spécialistes de la psychiatrie se penchent sur son cas et disent « ah oui, en effet, ce garçon est malade » ? Fallait-il qu'il développe d'autres symptômes de la maladie ? N'étant pas médecins nous-mêmes, les aurions-nous reconnus ? Sans attendre, il fallait que nous obtenions un nouvel avis. La loi nous autorisait, par l'intermédiaire de nos défenseurs, à en exiger un.

Nous avons eu la chance de pouvoir compter sur nos avocates : en lisant le rapport d'expertise psychiatrique des docteurs Elchardus et Bissuel, maître Mimran s'est mise en colère : « Soit Matthieu est dangereux parce qu'il est profondément mauvais, hors de toute pathologie, et il n'y a rien à surveiller, soit sa dangerosité est due à une maladie pas encore diagnostiquée mais bien réelle. On ne peut pas se contenter de cet avis-là. Demandons une nouvelle expertise ! »

Les juges d'instruction n'ont pas apprécié notre démarche : nous nous permettions de mettre en doute l'expertise du professeur Elchardus et du docteur Bissuel ? Oui. L'enjeu était double : il s'agissait d'abord de prodiguer à notre fils les soins appropriés, ensuite de faire en sorte que la question de la maladie soit abordée lors de son procès.

Ainsi, à notre demande, les docteurs Daniel Zagury, praticien hospitalier, expert près la cour d'appel de Paris, et Patrick Blachère, psychiatre, expert près la cour d'appel de Chambéry, sélectionnés par les juges d'instruction, ont examiné Matthieu les 8 août, 22 août et 4 septembre 2012. Ils ont remis leur rapport le 9 octobre suivant.

Sur les troubles de l'orthographe, l'alcool, la drogue, le sexe, le manque de sommeil – voire le sommeil impossible –, les verbatim de Matthieu comptent de nombreuses assertions communes avec les précédentes expertises : lorsqu'il évoque sa famille, notamment, il se trompe sur les liens de parenté et sur des faits que nous lui avons pourtant racontés par le passé. Il répète que « l'enfance de mon père a été difficile, il a été abandonné ». Une information nouvelle y apparaît, et Matthieu l'aborde de lui-même avec détachement, comme si elle était accessoire, mais qu'elle méritait peut-être quand même qu'on la note : « Est-ce que je vous ai dit que ma mère a eu des problèmes d'abus sexuel quand elle était plus jeune par les membres de sa famille d'accueil ? Elle me l'a dit très récemment. » En effet, sur le conseil de la psychologue de Meyzieu, nous avions abordé cet « épisode » de l'enfance de Sophie. Matthieu n'avait manifesté aucune réaction particulière. Cela ne signifie pas qu'il était indifférent à cette « nouvelle ».

Nous avions déjà remarqué la propension de Matthieu à se dépeindre comme un personnage abject, il recommence : « Ce qui m'intéresse c'est de tout foutre en l'air. Je suis chaotique, je n'aime pas l'ordre établi. Je suis quelqu'un de méchant et sournois. » Et plus loin : « Quand je le fais avec des victimes [l'acte sexuel], c'est juste pour les toucher, les atteindre. C'était plus pour leur faire du mal que pour le sexe. Ce que j'ai envie c'est de les annihiler. Je pense au mal. » Il décrit le viol et le meurtre d'Agnès avec une froideur épouvantable. Les médecins ajoutent ce commentaire : « Alors qu'il évoquait les faits sans manifester la moindre émotion, il dira, au cours même de son récit et sans provocation, commencer à avoir faim. Il semble préoccupé par l'heure du repas et avoir peur de rater ce qu'il appelle la gamelle. [Cela] pouvant apparaître comme signe de discordance et donc indicateur d'un processus psychotique. Sur ce, l'observation du sujet lorsqu'il procède ainsi permet d'écarter l'hypothèse d'une psychose : il ne manifeste simplement aucune émotion. Il est à ce moment du récit dans une absence totale d'empathie. » Les médecins notent plus loin que Matthieu « dit avoir parfois des impressions visuelles erronées » et affirment ne pas y croire, ou pas vraiment : « Nous avons eu l'impression qu'il cherchait à apparaître comme un sujet bizarre et que notre réaction au demeurant extrêmement passive et banalisante ne lui convenait pas. [...] Pour autant, on peut éliminer la pure simulation à visée utilitaire. »

Parents de Matthieu, choqués par ses crimes, honteux, malheureux, on peut le dire, nous avons essayé de lire et d'interpréter les différents rapports d'expertise. Sans connaissances poussées en matière de psychiatrie, nous avons eu du mal. Mais nous en avons compris assez pour être définitivement convaincus que notre intuition était juste depuis le début : Matthieu était malade, ou sur la voie de la maladie. C'est ce qu'ont relevé les docteurs Zagury et Blachère : « Nous avons été frappés par l'importance des traits de personnalité schizoïde de Matthieu Moulinas. [...] Il a trouvé un centre d'intérêt ou du moins une thématique à partir de laquelle il essaie de se créer une identité et se donner l'impression d'exister. »

Les médecins soulignent que Matthieu « n'a pas exprimé le moindre doute, le plus petit conflit interne, un semblant de complexe ou l'aveu d'un moment seulement difficile à l'enfance ou à l'adolescence, dont il garderait une blessure, une souffrance. [Cela] signe à la fois la force du clivage du Moi et l'omniprésence d'une sorte de personnage d'emprunt auquel il s'est totalement identifié ». Ils en arrivent à aborder la notion de perversion dans son sens pathologique : « La question qui se pose alors est celle des raisons psychodynamiques d'une telle organisation défensive perverse, à ce point verrouillée et auto-légitimée par le sujet lui-même. Matthieu Moulinas apporte un début de réponse quand il énonce que tout vaut mieux que l'ennui, le vide ou le malaise. *Je m'ennuie tout le temps, je trouve que rien n'a d'intérêt à part faire du mal.* Il ajoute que cela lui permet de reprendre le contrôle sur son existence et de se sentir vivre. [...] Là est le mécanisme fondamental de la solution perverse, dans son renversement radical des valeurs : tout ce qui est de l'ordre des conflits humains les plus fondamentaux, de la souffrance, du malaise identitaire... est remplacé par l'emprise froide sur un autre chosifié. »

Les dernières phrases du rapport des docteurs Zagury et Blachère sont les suivantes : « Matthieu Moulinas doit être considéré comme ayant présenté au moment des faits un trouble psychique altérant son discernement. L'impressionnante armature perverse de ce mineur au moment des faits s'est édifiée sur fond de malaise, d'isolement et de schizoïdie. Une telle perversité répond très probablement à la menace psychotique. »

Entre le 16 novembre 2011, jour du meurtre d'Agnès Marin, et la rédaction du rapport de ces deux médecins, dix mois se sont écoulés pendant lesquels Matthieu, incarcéré au SMPR de Lyon-Corbas, a rencontré régulièrement son psychiatre attitré, le docteur Meunier. Celui-ci a constaté que l'état de son patient s'est peu à peu dégradé. Les docteurs Zagury et Blachère en font état dans leur rapport d'expertise : « Le docteur Meunier a évoqué la possibilité d'instaurer une prescription psychotrope (neuroleptique[1]) devant l'évolution de Matthieu Moulinas. »

1. Les neuroleptiques sont utilisés principalement dans le traitement des psychoses.

# 11

## Nos forces pour Matthieu

*Dominique Moulinas*

Le 22 juin 2012, la justice organise une reconstitution du drame au Cévenol. Matthieu est extrait de sa cellule et emmené dans le parc du collège-lycée. Maître Diez l'assiste, pas nous. Il est majeur, nous n'étions pas présents sur place le jour du meurtre, nous n'avons rien à y faire. Ce vendredi 22 juin, je vais donc travailler, comme d'habitude : après quelques semaines d'arrêt, j'ai repris mon poste, j'en avais besoin. Sophie, elle, ne peut plus. Elle quitte rarement la maison, sauf pour aller chercher les filles à l'école et au collège, pour se rendre aux convocations de la justice, aux rendez-vous médicaux, et à Lyon-Corbas, au parloir.

Moi, ce 22 juin 2012, je suis plein de colère. Je viens de lire un long article dans le quotidien

*Le Monde* daté de la veille. Deux pages pleines titrées « Autopsie d'un drame ». L'article est signé Gérard Davet. Il est « à charge ».

Quelques semaines plus tôt, ce journaliste nous a proposé de nous interviewer. J'ai conservé son SMS dans mon portable (c'est une de mes manies, je ne vide jamais ma messagerie, même si cela me rendra suspect aux yeux de la justice), je peux le reprendre ici : « Bonjour, journaliste au quotidien *Le Monde*, je prépare une enquête concernant le drame dans lequel votre fils est impliqué. Souhaitez-vous vous exprimer à ce sujet ? Bien à vous. Gérard Davet. » J'ai également conservé ma réponse : « Monsieur Davet, depuis le mois de novembre, nous n'avons jamais répondu aux sollicitations des médias. Nous nous sommes imposé cette conduite et nous la respecterons. Dans ce drame, trois familles sont durement touchées et nous pensons que les parents des victimes de notre fils ne comprendraient pas que nous nous exprimions. Nous réservons nos mots aux magistrats et aux experts directement concernés. Je sais que vous comprendrez. Cordialement. Dominique Moulinas. Je profite de cette situation pour vous féliciter pour votre remarquable travail sur l'affaire Karachi et l'affaire Woerth. » Ce post-scriptum parce que je lis régulièrement *Le Monde*, et parce que je reconnais les grandes compétences de Gérard Davet. Il est toujours si bien renseigné…

Il s'est procuré l'intégralité du dossier d'instruction de Matthieu. Face aux juges, nous avons parlé pendant des heures, notre verbatim était long comme un livre ; le journaliste n'en tire que six phrases. Il cite aussi Matthieu face à l'un des éducateurs de la PJJ : « Un psy, ça ne sert à rien, je mens tout le temps, celui qui est en face de lui me ressemble mais ce n'est pas moi. » Les défaillances entre la PJJ, les psychiatres et la direction du Cévenol sont soulevées. Et moi, le père du meurtrier, je suis présenté comme un manipulateur et un dissimulateur…

Après le meurtre d'Agnès et la conférence de presse mensongère donnée par le conseil d'administration du Cévenol, j'avais gardé foi en l'idée que la vérité jaillirait vite. D'ailleurs, nos avocates travaillaient avec nous dans ce sens. Leur soutien, associé à celui de mes parents et de nos amis, m'aidait à me sentir plus fort face aux bêtises publiées sur certains blogs ou dans la presse – auxquelles je ne pouvais pas toujours échapper, malheureusement. Mais voir écrit, noir sur blanc, dans un journal aussi sérieux que *Le Monde*, et sous la plume d'un homme que je respectais comme je respecte peu de journalistes, que j'aurais caché la vérité sur mon fils, m'a profondément atteint. Il n'est peut-être pas utile de le souligner ici. Cet aveu n'a peut-être qu'une seule vertu : celle de me soulager – et encore, si peu – de l'injustice double que j'ai éprouvée à ce moment-là : non seulement j'étais la victime d'un mensonge de Philippe Bauwens, mais en plus mon quotidien préféré prêtait foi aux affirmations du proviseur du Cévenol face aux deux juges, le 11 mai 2012, soit quelques semaines avant la parution de l'article.

Ce jour-là, j'avais été confronté au chef d'établissement – encore en poste alors – dans le bureau de François Maury, l'un des juges d'instruction de Clermont-Ferrand. Le procureur de la République avait pris place, en silence, dans la pièce. Lui aussi voulait connaître, enfin, la vérité : le proviseur du Cévenol savait-il, oui ou non, que Matthieu avait violé Julie ? Au cours de cette confrontation, Philippe Bauwens ne l'avait toujours pas reconnu franchement, mais s'était contredit plusieurs fois.

À la question : « Saviez-vous ? » Il avait répondu d'abord répondu « non ». Puis les juges lui avaient demandé : « Vous qui accueillez des adolescents qui ont eu maille à partir avec la justice, vous ne demandez jamais ce qu'ils ont fait ? — Si, bien sûr, je suis professionnel ! — Et dans le cas de Matthieu Moulinas, vous n'avez pas demandé à son père ? — Ah… J'ai dû lui demander, peut-être, je ne m'en souviens plus… » Il était ridicule. Chacun dans le bureau avait compris : il mentait pour se couvrir. Lorsque nous avions quitté le bureau, Philippe Bauwens était venu vers moi : « Je suis désolé, monsieur Moulinas, comprenez-moi, j'ai des employeurs… »

Bien plus tard, lors du procès en appel, il dira ouvertement : « Oui, je savais ce que Matthieu Moulinas avait fait. » Il me présentera même des excuses pour avoir menti et tenté de protéger le lycée, quitté par de nombreux élèves après le drame d'Agnès.

Je ne suis pas abonné au *Monde*. J'ai certainement raté par la suite de nombreux articles sur « l'affaire du Chambon-sur-Lignon », et je ne doute pas que le quotidien a rectifié les faits à la lumière des nouveaux éléments apportés par la suite. Mais là aussi, de toute façon, trop tard. Après deux pleines pages aussi sensationnelles que celles publiées le 21 juin 2012, le tort ne peut être défait.

*Sophie Moulinas*

En tant que journaliste, Gérard Davet a fait les choses selon les règles : il nous a demandé si on voulait témoigner dans son article. Nous n'aurions jamais eu cette indécence. Je ne m'attendais pas à ce qu'il puisse accéder à des informations que j'avais données aux juges d'instruction dans le secret de leur bureau. Je m'étais exprimée de façon franche, sincère, j'avais mis de côté ma pudeur pour livrer mon intimité. Je n'avais qu'un seul but : comprendre ce qui s'était produit dans la tête de Matthieu et, en le comprenant bien, en le comprenant vraiment, trouver la solution la plus juste, que ce soit la punition ou le soin, ou les deux, mais, de toute façon, une issue qui réponde à la vérité des faits. Que l'issue du procès soit juste. Or un article comme celui de Gérard Davet, parce que cet homme et son journal bénéficient d'une réputation de sérieux, a fortement influencé les jurés. Et un peu plus entamé les forces de Dominique.

*Dominique Moulinas*

Pendant un temps, après la mort d'Agnès, je ne pouvais plus dormir. Or, sans repos, le corps s'abîme, il devient inopérant, il ne sait plus penser, encore moins agir ; on devient inutile à soi-même et aux autres. Sans sommeil, on souffre, puis on n'a même plus la force de souffrir. On respire mal. On ne sait plus ce que l'on éprouve, sinon la boule au ventre et une fatigue qu'on n'identifie plus.

J'ai cessé de dormir après le deuxième crime de Matthieu et, pendant plusieurs mois, je n'ai pas voulu y remédier. Je me disais que j'étais fort, je me convainquais que je n'avais pas besoin d'aide, et je me doutais que Julie, ses parents, et les parents d'Agnès ne devaient pas dormir non plus. Je ne m'autorisais pas la moindre plainte. Je disais « ça va » alors que non, ça n'allait pas. Mais maintenant, quand je l'affirme, je ne mens plus. Ça va. En tout cas, je dors.

J'ai été suivi par un psychiatre, quelque temps. Il m'a prescrit des somnifères avec autorité. « Dormir, c'est obligatoire, m'a-t-il dit. Il n'y a pas de négociation possible. » En vingt ans, j'avais dû prendre deux fois des antibiotiques, je ne me soignais qu'aux granules homéopathiques. Soudain, j'ai pris des cachets. Et, de nouveau, j'ai dormi. Quelques heures par nuit, j'ai oublié le mal, la mort, nos vies. Mon corps s'est réconcilié avec le sommeil.

Chez le psy, je n'avais pas le sentiment de devoir dire des choses, de vider mon sac débordant de colère, d'incompréhension, de peur, de cracher des mots comme on se déleste d'objets encombrants à la Déchetterie. J'avais juste besoin qu'on m'autorise à aller bien. Qu'on me reconnaisse ce droit, sans écarquiller les yeux, sans avoir l'air de penser que ce type, quand même, le père du garçon meurtrier, il est bizarre : il va bien. Ainsi réagissaient la psychologue et l'assistante sociale chargées de la nouvelle enquête familiale : « Monsieur Moulinas, vous allez bien ? Vraiment ? » Et pourquoi pas ? « Monsieur Moulinas, c'est impossible ! » Est-ce que j'étais dans le déni ? Non. N'avais-je donc pas conscience du drame qui se jouait ? Si. Hélas. Alors quoi ? Alors rien. Puisque je devais rester debout, efficace, aimant, puisque j'appréciais encore les balades dans la campagne et sur le sable, puisque tous mes amis et la plupart de nos proches ne nous avaient pas lâchés, j'allais, dans les circonstances, aussi bien que possible.

*Sophie Moulinas*

J'espère qu'à travers ce livre Dominique trouve la possibilité de parler, de libérer sa parole et sa vérité, et ses émotions aussi. Depuis le premier crime commis par Matthieu jusqu'à aujourd'hui, il a été le super-papa, le super-mari, il s'est occupé de tout, de nous sauver, tous, et il s'est un peu oublié au passage. Il a subi beaucoup d'attaques, il a été jugé presque autant que Matthieu, il ne s'est pas permis de se défendre, il s'est muselé, par respect envers les victimes et leurs proches. Il ne se plaint pas. Mais il a accumulé alors une boule de douleur et de choc. Moi, je me suis effondrée au point que je n'ai pas pu l'aider. Après la mort d'Agnès, Dominique, qui a toujours été dynamique et débrouillard, a littéralement foncé dans une forme d'action continue. Il travaillait tout le temps, sans arrêt. Dans la maison, dehors, au lycée, sans cesse. Il fallait remplir le temps.

*Dominique Moulinas*

J'ai fonctionné à l'action et pas au ressenti. Après l'arrestation de Matthieu en août 2010, je n'avais reçu que des signaux encourageants. Les avocats, les éducateurs, les parents, les amis, tous disaient : « Tu peux sauver ton fils. » J'avais agi sans me poser de questions sur moi-même. Je m'étais dit que l'urgence consistait à sortir Matthieu de prison, à soulager Sophie et nos adorables filles, les autres avant tout, moi après. Quand tout serait plus ou moins rentré dans l'ordre, on verrait bien…

Le deuxième crime de Matthieu m'a freiné dans mon élan, il ne m'a pas arrêté. J'en ai parlé à mon psy : « Docteur, est-ce que c'est normal de tenir le coup comme je le fais ? Il y en a, parmi tous ces gens du monde de la justice qui s'intéressent de si près à moi, qui trouvent mon comportement… suspect. » Lui ne s'inquiétait pas de cela : « Monsieur Moulinas, est-ce que vous vous forcez à aller bien ? — Je ne crois pas, non. — Alors continuez ! » Je ne me disais même pas que Sophie et les filles souffriraient si je craquais. Peut-être qu'inconsciemment je me l'interdisais.

Puis Matthieu a été jugé.

# 12

## Deux fois perpétuité

*Dominique et Sophie Moulinas*

Matthieu a été jugé une première fois par la cour d'assises des mineurs de la Haute-Loire, au Puy-en-Velay, pendant la deuxième quinzaine de juin 2013, soit un an et demi seulement après la mort d'Agnès.

Margaux allait passer son brevet des collèges, Zélie terminait son CE2. Matthieu avait dix-neuf ans et demi et le procès portait sur ses deux crimes. Durant ces deux semaines, il était incarcéré à la prison du Puy-en-Velay, excentrée par rapport au tribunal.

Le premier matin, nous avons entendu arriver de nombreuses voitures, toutes sirènes hurlantes. Notre fils se trouvait dans l'une d'elles. Il portait un gilet pare-balles et une couverture cachait son visage aux objectifs des journalistes. Chaque matin, chaque soir, il arrivait et repartait escorté par une armée d'hommes, de voitures et de sirènes. Comme si quelqu'un voulait le tuer. Des policiers nous ont expliqué qu'ils feraient des rondes autour du gîte que nous avions loué. Est-ce que nous avions besoin d'être protégés ?

De très nombreux journalistes demandaient à nous entendre. Nous ne voulions parler à aucun d'eux, pour ne pas avoir l'air de nous défendre et pour n'offenser personne. Ils tendaient aussi leurs micros à l'avocat de la famille Marin, le pénaliste Francis Szpiner, un ténor du barreau, comme on dit. Face aux médias comme face à la cour, il a prononcé des paroles d'une violence inouïe, et nous ne sommes pas sûrs qu'il ait fait beaucoup de bien aux victimes en les assénant. Et cette phrase : « Un procès, ça se gagne ! »

Or, il n'y avait rien à gagner. Matthieu avait avoué. Nous avions tous tout perdu. Si seulement le verdict avait pu rendre Agnès à ses parents, nous aurions déclaré forfait sans nous battre et sans hésiter. Mais c'était impossible, bien sûr. Alors nous voulions savoir, comprendre, donner du sens à l'horreur. Maître Szpiner, lui, demandait vengeance.

Les parents d'Agnès s'étaient prononcés pour la publicité des débats, mais l'avocate de Julie, ainsi que les nôtres, ont refusé. Tout le procès s'est donc tenu à huis clos, à l'exception de quelques audiences portant sur le travail de la PJJ et sur l'expertise du docteur Aiguesvives, du réquisitoire de l'avocate générale, Jeanne-Marie Vermeulin, le 28 juin 2013, puis, enfin, de l'énoncé du verdict.

Madame Vermeulin a demandé à la cour et aux jurés d'oublier qu'ils jugeaient un mineur (ce qu'on appelle « écarter l'excuse de minorité ») et de prononcer une peine de trente ans d'emprisonnement, assortie de la rétention de sûreté : ainsi, au-delà de sa peine, Matthieu pourrait être placé dans un centre socio-médico-judiciaire si les psychiatres l'estimaient encore susceptible de récidiver. Elle a demandé également une injonction de soins pendant sa détention. Dans l'attente des délibérations, pendant quelques heures, nous nous sommes accrochés à cette idée de « soins ». Car si l'avocate générale insistait sur ce point, c'est bien qu'elle prenait en compte la maladie de Matthieu.

À l'issue de ce premier procès, Matthieu a été condamné à la prison à perpétuité, sans la moindre condition ni réserve. Les jurés n'ont suivi l'avocate générale que sur un point : ils sont allés bien au-delà de la peine maximale encourue par un mineur criminel. La question de la maladie a été purement et simplement balayée par les jurés. Pourtant, madame Rozier, la psychologue du Pontet, madame Dubost, psychologue également, les docteurs Aiguesvives, Markeviciute, Elchardus, Zagury et Blachère, avaient évoqué le patient Matthieu Moulinas pendant une journée et demie en tout. Le mot « schizophrénie » avait été prononcé, mais l'accusé n'a pas été jugé comme un malade. Il est retourné au SMPR de Lyon-Corbas : le docteur Meunier avait réservé sa place...

De son box de verre blindé, Matthieu ne s'était quasiment pas exprimé, sinon pour s'enfoncer davantage. Comme s'il voulait être sûr d'écoper de la peine la plus lourde possible. La vérité n'a pas émergé. Nous n'avons pas pu voir plus clairement – et ceux qui l'ont condamné pas davantage – de quoi il souffrait réellement ni quels soins il fallait lui apporter. Or, la perpétuité réelle n'existe pas en France : Matthieu était condamné à être libéré une vingtaine d'années plus tard, au risque qu'il fasse le mal à nouveau. Il l'avait dit au cours de l'instruction : « Si je sors, je recommence. » Nous avons donc décidé de faire appel afin d'obtenir un jugement qui prenne en compte la maladie de notre fils. Nous ne souhaitions pas qu'il soit moins « puni », mais qu'il soit pris en charge de la meilleure façon possible sur le plan médical, parce que c'était le seul moyen, selon nous, de prévenir d'autres phases de délire au cours desquelles il pourrait faire du mal à quelqu'un. C'est à l'hôpital qu'on est le mieux soigné, pas au sein d'une prison.

Matthieu a ainsi été jugé pour la deuxième fois en octobre 2014 par la cour d'appel de Riom, entièrement à huis clos cette fois. Les mêmes témoins se sont présentés à la barre. Certains ont tempéré leurs affirmations, d'autres sont revenus sur leur première version des faits (oui, le Cévenol savait...). Pourtant, les passions ne s'étaient pas éteintes. Nous n'avions toujours pas relevé la tête.

La santé mentale de Matthieu s'était détériorée, nous avons pu le faire mieux entendre qu'au cours du premier procès, notamment grâce à plusieurs psychiatres qui ont pris le risque d'exprimer clairement leur conviction : oui, l'accusé est malade... Oui, il l'était déjà quand il avait violé et tué. Il l'était déjà, mais ce n'était pas aussi visible. Non, il ne simulait pas la maladie pour s'en tirer à bon compte.

À l'issue de ce second procès, Matthieu a obtenu l'obligation de soins que nous demandions. Et la perpétuité, encore, parce que des jurés tirés au sort au hasard des inscrits sur les listes électorales, à l'évidence, ne pouvaient ou ne voulaient tenir compte de sa maladie. Parce que si le droit leur avait donné la possibilité de voter sa mort, les jurés l'auraient fait.

*Dominique Moulinas*

Matthieu ne s'est quasiment pas exprimé face à la cour d'assises des mineurs du Puy-en-Velay, en juin 2013. Un homme de vingt ans au minimum sain d'esprit aurait tenté de minimiser sa peine en faisant part de ses regrets. Il aurait manifesté de l'empathie envers les victimes, il aurait présenté ses excuses aux familles touchées, il aurait courbé l'échine et baissé les yeux. Sain d'esprit, il n'aurait pu retenir ses larmes.

Matthieu, lui, a paru las. Désireux d'en finir au plus vite.

Pendant la lecture du compte rendu du médecin légiste décrivant le supplice subi par Agnès Marin, il a donné l'impression que toute cette horreur ne le concernait pas davantage qu'elle ne le touchait. Il bâillait. En effet, le contenu des débats, insupportable pour tous, ne l'atteignait pas, lui. Il était coupé de ses émotions, incapable de la moindre empathie, ainsi qu'il était apparu pendant ses auditions par les gendarmes et les juges, et pendant les examens des psychiatres.

Après qu'il avait violé Julie, en août 2010, nous l'avions encouragé à expliquer les raisons de son geste. Sa réponse, chaque fois : « Je ne sais pas. » La consommation de drogues et l'abus de jeux vidéo violents étaient venus remplacer les mots qu'il ne prononçait pas : médecins, psychologues, éducateurs, tous y avaient cru. Nous aussi. Après le viol et le meurtre d'Agnès Marin, Sophie n'était plus que douleur et, moi, je n'ai pas été plus efficace dans ma façon d'aborder le drame avec Matthieu. Je n'ai pu que l'encourager à parler aux enquêteurs, à collaborer avec la justice et les médecins. Il en a fait ce qu'il voulait. Rien de ce que je pouvais dire sur ce qui l'avait ramené en prison ne semblait pouvoir l'atteindre.

Je n'ai pas plus interrogé Matthieu, c'était inutile. Parce que je connais notre fils à l'exception de la partie de lui qui fait le mal. Celle-là, je ne la connais pas du tout. Je n'avais jamais soupçonné qu'elle existait. Je n'avais jamais imaginé qu'un seul gramme de son corps, de son cœur, de sa tête, échappe au reste de son enveloppe et de son esprit. Lorsqu'il s'est exprimé, au cours de l'enquête, Matthieu est arrivé à faire pleurer des gendarmes et des policiers de plus de cinquante ans. Ils en avaient vu des horreurs dans leur carrière, ces hommes-là, ils en avaient croisé des âmes sombres, pourtant la façon dont Matthieu racontait ses crimes leur faisait mal et peur. Matthieu effraie des psychiatres. Ils entrevoient la part monstrueuse qui se tapit en lui. Moi, son père, j'ai toujours peur d'entrevoir cette part monstrueuse. Je n'ai pas envie qu'il me raconte froidement, en détail, ce qu'il a fait à ses deux victimes, et qu'il m'ouvre une fenêtre vers sa noirceur, le diable ou je ne sais quoi en lui. Pour moi, ses intentions ne sont pas *entendables*. D'ailleurs, serait-il bien utile qu'il me les explique, à moi ? Ne vaut-il pas mieux que je reste à ma place de père ? Un psychiatre bienveillant, celui que j'ai consulté pendant quelques semaines parce que je ne dormais plus, m'a donné ce conseil : « Parlez à votre fils du film que vous avez vu hier soir à la télévision, mais ne vous obligez surtout pas à parler des viols avec lui. Est-ce qu'il vous demande d'en parler avec vous ? Non. Alors quoi ? Vous vous feriez souffrir et il n'en a pas envie ! »

Deux fois à perpétuité, donc. Par deux fois, la justice a condamné Matthieu à la prison, malgré la maladie dont les signes sont apparus pendant son incarcération à la suite du meurtre d'Agnès Marin. À partir de septembre 2012, Matthieu s'est vu administrer par le docteur Meunier, son psychiatre au SMPR, un traitement antipsychotique à base de Risperdal (indiqué, selon la notice, dans le traitement des épisodes maniaques modérés à sévères associés à des troubles bipolaires) dont la posologie a été rapidement doublée, passant de 2 à 4 mg par jour. En effet, selon le médecin, Matthieu a « présenté des troubles du comportement, des attitudes étranges et un vécu paranoïde ».

Parmi les exemples les plus frappants, citons sa propension à « tenir des propos mytho-maniaques » : d'après lui, je travaillerais pour les services secrets israéliens, propos tenus dans une prison qui compte des détenus de confession musulmane et sensibles à la cause palestinienne… Citons aussi l'isolement dans lequel il s'est lui-même placé en refusant de communiquer avec quiconque, à l'exception des psychologues et des psychiatres. Citons encore « un état d'incurie à tel point que les infirmiers devaient l'accompagner pour le laver ». Citons ses nuits agitées : « Il dormait sous son matelas, explique le docteur Meunier. Il donnait l'impression d'un sujet atteint de maniérisme en marchant toujours dos contre les murs. » Au psychiatre il n'a rien voulu dire, « craignant de passer pour fou », mais à une psychologue « il a fait part d'idées de persécution, du moins de l'impression d'être observé par quelqu'un ».

Autant de troubles qui se seraient estompés peu à peu après plusieurs semaines de différents traitements neuroleptiques.

Le médecin est formel : Matthieu « ne feint assurément pas la psychose ». Il l'écrit et il le dira même haut et fort à la barre lors du procès en appel. Maître Szpiner bondira sur sa chaise, il menacera d'exiger des sanctions de la part du Conseil de l'ordre des médecins[1], mais le docteur Meunier restera inflexible : « Je suis ici dans le seul intérêt de mon patient. Il est malade. Je suis ici pour l'expliquer. »

Au cours d'une expertise menée par le docteur Blachère, questionné sur son procès à venir, au Puy-en-Velay, Matthieu affirme ne rien craindre, ne pas s'y intéresser. Appréhende-t-il la confrontation avec les parties civiles ? l'interroge le médecin. « Je ne vois pas pourquoi je m'inquiéterais, ce sont des gens que je ne connais pas. Ce n'est que quand je sortirai de prison que je pourrai avoir peur s'ils s'en prennent à moi. » Redoute-t-il les manifestations d'émotion des parties civiles ? « Je n'en ai rien à faire. » En lisant ce rapport, puis en observant Matthieu, impassible dans son box de verre, Sophie et moi n'avons pas reconnu notre fils. Nous avons vu un fou. Dans son compte rendu, le docteur Blachère, face à son patient, s'interroge : « Il semble tendu et exprime son intolérance à

1. Pour violation du secret médical.

la frustration [...] par des contractions musculaires et des mouvements incessants. Il adopte une attitude que nous rencontrons généralement en prison chez les sujets psychopathes. »

Un an plus tard, à l'approche du procès en appel, à Riom, le docteur Blachère rencontre le docteur Meunier. Il apparaît que Matthieu prend désormais du Zyprexa 15 (une dose qui a été augmentée en octobre 2013 « du fait d'une déstabilisation » de son état). Ce médicament, selon sa notice toujours, est utile en cas de « schizophrénie, une maladie qui s'accompagne de symptômes tels qu'entendre, voir et sentir des choses qui n'existent pas, avoir des croyances erronées, une suspicion inhabituelle, et un retrait affectif et social ». En juillet 2014, interrogé par le docteur Blachère, Matthieu commente les effets de ce traitement : « Cela m'aide à avoir les idées plus claires, à mieux réfléchir et surtout à ne plus avoir d'idées noires. » Il ajoute qu'auparavant il percevait son environnement – carcéral – comme hostile, et que ce n'est plus le cas.

Interrogé sur l'impact des jeux vidéo sur son comportement, avant sa première incarcération, il affirme : « Je pense que la relation entre les jeux vidéo et la violence sont des sornettes. Ce n'est pas la violence qui m'attirait mais moi ce que j'aimais c'est mettre le chaos. » Et lorsqu'il s'agit d'aborder son procès en appel, quelques semaines plus tard, il assure : « Je voudrais que les gens comprennent qui je suis [...]. Je ne suis pas un monstre contrairement à ce que j'ai pu faire croire aux précédents experts. Je suis juste un mec paumé. » Un jeune mec malade, toujours incapable d'empathie, parce que sa maladie, justement, l'empêche d'éprouver des émotions. « On note, écrit le docteur Blachère, la constance de l'extraordinaire froideur du sujet à l'évocation des crimes qu'il reconnaît avoir commis. Il en parle de façon détachée comme le ferait un tiers étranger aux faits. Les mécanismes de défense pervers, lui permettant d'échapper à la honte ou à la culpabilité, sont donc toujours actifs. »

En résumé Matthieu, alors « sous fort traitement neuroleptique, apparaît socialement plus adapté, moins bizarre et plus agréable de contact ». mais il n'est pas guéri pour autant : « La dangerosité du sujet peut donc apparaître moins perceptible à l'observateur. Elle reste pourtant majeure du fait de l'inefficacité du traitement sur les mécanismes de défense pervers. »

Nous n'avons eu de cesse de faire entendre, et de prouver, que le cerveau de Matthieu était malade. Nous avons été renforcés dans cette conviction par de grands médecins dont les compétences sont mondialement reconnues, à commencer par le pédopsychiatre Marcel Rufo. Ce dernier s'est exprimé dans les colonnes du quotidien régional *La Montagne*, en juin 2013, au moment où s'ouvrait le premier procès, au Puy-en-Velay. Il émettait des réserves sur son propre avis parce qu'il n'avait pas rencontré Matthieu, mais affirmait : « Ce garçon a sans doute été surprotégé par son père. »

Par lettre, j'ai demandé à rencontrer le professeur Rufo quelques mois plus tard. Voici ce que je lui ai écrit : « Lors de son procès, de nombreux confrères psychiatres et psychologues ont qualifié Matthieu d'*OVNI psychiatrique*, et de *cas rare et exceptionnel.* Vous comprendrez aisément que depuis, je cherche à mieux comprendre qui est mon fils et quel est le *mal* qui le ronge et qui l'a amené à commettre ces actes odieux. Il est évident que je ne peux accepter cette condamnation. Que le sort que l'on réserve aux adolescents délinquants, et dans le cas de Matthieu il s'agit du sort que l'on réserve aux adolescents présentant de graves troubles, me révolte. [...] Vous n'êtes pas sans savoir que nous avons fait appel de cette décision de justice et qu'un nouveau procès se prépare. Dans ce cadre, je suis à la recherche d'explications et de réponses aux mécanismes qui ont mené à cette tragédie et sur mon rôle de père qui n'a pas su ou pu voir la souffrance de son fils. »

Je pensais que le professeur Rufo était capable de nous en dire plus sur Matthieu. Je ne me suis pas trompé. Après lecture des expertises, et un premier entretien avec lui dans son bureau, il a été le premier à me dire que Matthieu souffrait très certainement depuis l'enfance, à un âge qu'il ne pouvait situer avec précision, mais de toute façon depuis de trop nombreuses années. « Pour lui, ses souvenirs, qui sont faux, correspondent à une réalité », a-t-il dit. Il a évoqué des « troubles de la personnalité très anciens », mais aussi « un comportement un peu autistique ». « Cet état génère beaucoup de souffrance et d'angoisse chez ces malades-là. »

Marcel Rufo, bienveillant : « Vous avez élevé votre fils comme un handicapé parce qu'il présentait de nombreux handicaps. Vous avez eu raison d'agir de cette façon. Personne ne peut vous en vouloir pour cela. » Marcel Rufo, plein de sagesse, affirmant avec fatalisme : « Vous savez, la psychiatrie, c'est loin d'être une science exacte, on s'est tous plantés au moins une fois. » Marcel Rufo qui fut surtout le premier à nous dire : « Ce n'est pas vous qui n'avez rien vu. C'est Matthieu qui n'a pas su montrer. »

*Sophie Moulinas*

Le professeur Rufo m'a reçue, moi aussi, en avril 2014, soit cinq mois avant le procès en appel. Il s'intéressait beaucoup au cas de Matthieu, il voulait en savoir plus en m'écoutant, à mon tour. Dans un compte rendu de notre entretien qu'il a transmis à nos avocates, il a écrit des phrases qui m'ont fait beaucoup de bien : « Les parents ne sont en rien coupables de n'avoir pas fait le diagnostic, ils ont dû en tant que parents soutenir un enfant original, singulier et en fragilité d'apprentissage. L'enfant lui-même a dû longtemps masquer ses difficultés, ses troubles psychologiques qui ont flambé à l'occasion de la première et surtout de la deuxième affaire. » Et aussi : « Les parents ont été responsables et accompagnants en aimant leur enfant, sans que personne les ait alertés sur un trouble psychiatrique qui se développait à bas bruits sous couvert de troubles des apprentissages. »

Lors du procès en appel, à Riom, le professeur Rufo n'a pu se déplacer, malheureusement. Il a témoigné par visioconférence et ses mots n'ont pas porté auprès des jurés aussi fortement que s'il avait été présent dans la salle, face à nous tous. Certes, sa parole déculpabilisante a été comme un pansement pour Dominique et pour moi, comme un baume apaisant sur une brûlure encore à vif, mais elle n'a pas suffi à anesthésier la douleur que nous éprouvions face à tout ce qui se passait là : les regards de haine que nous jetaient les gens, dans le tribunal et à l'extérieur, la conviction que tous semblaient partager qu'il aurait fallu faire subir à Matthieu ce qu'il avait fait subir à Julie et à Agnès, et qu'ainsi, ainsi seulement, il aurait été justement puni.

*Dominique Moulinas*

Lors de son procès en appel, Matthieu a semblé beaucoup plus concerné par ce qui se passait qu'au Puy-en-Velay. Il a écouté attentivement le docteur Meunier notamment, son médecin en prison. Celui-ci est venu témoigner de ce qu'il avait pu constater chez son patient, une forme de schizophrénie que la médecine ne sait pas encore nommer mais qui existe bien chez lui. Il a expliqué les choses très clairement à l'attention de la cour : « Ne vous demandez plus quel chemin va prendre la maladie de Matthieu. Il est déjà entré dans des phases de plus en plus aiguës de la décompensation. Il dort sous son lit, il s'enferme dans des cages qu'il se fabrique parce qu'il se voit attaqué par des monstres. Malgré le traitement et la psychiatrie, l'état de Matthieu s'aggrave. » Comme le docteur Meunier, le professeur Rufo affirme « qu'on ne connaît qu'un tout petit pourcentage des maladies mentales existantes. On ne sait en diagnostiquer que 10 à 15 %, mais ce n'est pas parce qu'on ne sait pas mettre un nom sur le type de maladie dont Matthieu souffre qu'il n'est pas malade ».

Interrogé par maître Mimran et maître Diez, le docteur Zagury a expliqué ce qu'il pouvait sur la maladie. Je n'ai pas pris de notes, je n'ai rien enregistré, je ne peux que paraphraser son discours en termes simples ici : Matthieu souffre au-delà du possible. Il a peur, c'est inimaginable comme il a peur. Il se place dans une carapace de défense qu'inconsciemment, sans le vouloir, il a construite sur le modèle de la perversion. À force de se sentir agressé, il sent que sa carapace se fissure, elle va céder. Pour pouvoir la consolider avant qu'il soit trop tard, il passe à l'acte. Il le fait pour se sauver lui-même. C'est pour cela qu'il n'est pas capable de prendre conscience de la réalité des victimes, de qui elles sont. Il ne les connaît pas à ce moment-là. Il n'y a que lui qui l'intéresse. Il se sauve, et il n'a pas l'impression d'avoir fait du mal : il se sauve.

Pourquoi se sent-il agressé ? Personne ne peut le dire. Depuis quand ? Depuis tout petit, selon les psychiatres, mais quand, précisément, ils ne savent pas. Le docteur Zagury avance que tous ses « dys » – dyslexie, dyspraxie... – étaient des symptômes de ses souffrances, de même que le rêve à outrance, l'imagination plus que fertile. Le professeur Rufo ajoute : « Un gamin qui parle très tôt et qui n'écrit pas, qui se réfugie dans la lecture, on le sait aujourd'hui, présente les signes d'une construction qui part mal. » Le docteur Blachère souligne que « les murs de défense psychique, par des thérapies, des traitements, peuvent être brisés et reconstruits ailleurs que dans la perversion, dans le mal. Van Gogh avait construit son mur dans l'art. Ce n'est pas perdu ».

*Sophie Moulinas*

Matthieu a demandé l'autorisation de poser deux questions au docteur Blachère : « Est-ce que je serai guéri, un jour ? Est-ce que je pourrai vivre une vie normale ? » Le psychiatre lui a répondu que oui. Cette affirmation m'a fait du bien, à moi, mais la perspective d'une vie heureuse pour le meurtrier d'Agnès Marin a choqué la cour et les jurés. Puis, récemment, j'ai revu le professeur Rufo qui, aux mêmes questions, a répondu non : « Non, Matthieu ne sera jamais guéri. En suivant un traitement permanent, médicamenteux et psychiatrique, il parviendra peut-être à vivre dans une forme de liberté sans présenter de danger pour les autres ni pour lui-même. Mais guéri, non, il ne le sera jamais. » Cette affirmation, pour la mère que je suis, est insupportable. Pire que le mot perpétuité, elle condamne mon fils à souffrir éternellement.

*Dominique Moulinas*

Perpétuité une fois, perpétuité deux fois, adjugé. Et maître Szpiner a pu claironner qu'il avait gagné. Apparemment, pour la société, admettre que Matthieu est malade, voire complètement taré, revenait à le disculper. Mais qu'avait-elle à perdre en reconnaissant qu'une pathologie lourde atteint son cerveau, alterne son discernement et le pousse à commettre des horreurs ? Il a vingt-deux ans, il est sous traitement psychiatrique lourd, il suit des thérapies, il bénéficie d'une allocation adulte handicapé. Et la justice a mis sa maladie de côté. Elle a fait comme si elle n'existait pas.

# 13

## JUGÉS AVEC MATTHIEU

*Sophie Moulinas*

Dans ma mémoire, les deux procès se confondent. Je ne sais plus si telle abomination, tel mensonge, telle accusation ont été prononcés au Puy-au-Velay ou à Riom. Je me souviens seulement que la peine des parents d'Agnès était aussi palpable dans les deux tribunaux, et leur colère aussi vive. Je me rappelle avoir assisté aux audiences, témoigné et écouté les débats dans un état d'intense souffrance moi aussi. Aujourd'hui, il m'en reste un goût amer. Un sentiment profond d'injustice. Vis-à-vis de Matthieu, d'abord, mais aussi vis-à-vis de nous, ses parents, et particulièrement de Dominique. Parce que c'est lui qui avait convaincu monsieur Bauwens de prendre notre fils au Cévenol, il était presque considéré comme un complice. J'ai eu mal de le voir sali. Tout ce qu'il pouvait dire était placé sous le sceau du soupçon. La moindre de ses paroles était décortiquée, contredite, comme s'il n'était pas possible qu'il se limite aux faits réels. Comme s'il ne voulait pas, lui aussi, la vérité et la justice. Et moi, comme si je ne m'inscrivais pas dans la même démarche…

Sur quoi s'appuyaient les juges pour nous accabler ! « Madame Moulinas, en quelle année votre grand-père est-il né ? Comment ça, vous ne le savez pas ? » Je calculais, dans ma tête dans laquelle tout était confus, je bafouillais, j'en étais suspecte. De même, Matthieu faisait beaucoup d'amalgames entre les gens de la famille, rien n'était clair dans son esprit. J'en avais discuté avec lui, j'avais essayé de lui parler de nos aïeux, de ce que je savais d'eux, et j'avais laissé la porte ouverte : « Si un jour tu veux en savoir plus, dis-moi, je te raconterai. » J'étais toute disposée à ouvrir la boîte en fer-blanc. Il m'avait répondu : « Non, ça va. » En gros, ça ne l'intéressait pas. Et je n'avais pas insisté. Et comme il avait violé et tué, mon détachement de l'arbre généalogique paraissait criminel. Je n'ai pas eu l'idée, alors, d'affirmer face à la cour que mon arbre était pourri et que j'espérais en avoir fait pousser un plus beau, plus fort, plus pur, en épousant Dominique et en donnant la vie à trois enfants. M'aurait-on seulement entendue ?

Lorsque nous parlons de Matthieu aujourd'hui, à la maison, dans la voiture, quand nous sommes seuls, Dominique et moi finissons toujours par revenir aux procès. Nous avons été traumatisés. Nous avons le droit de le dire. Nous vivions déjà avec le traumatisme des faits commis par notre fils sur deux jeunes filles, mais il semble que nous n'étions pas encore assez punis.

*Dominique Moulinas*

La première fois qu'il nous a convoqués après la mort d'Agnès, François Maury nous a dit : « J'ai vu les parents de la victime, inutile de vous dire dans quel état ils sont. » Oui, en effet, monsieur le juge. Nous le préciser était inutile. Lorsque nous avons demandé une nouvelle expertise psychiatrique après celle des docteurs Elchardus et Bissuel, choisis par les juges, ces derniers nous l'ont reproché : « Tous deux sont des sommités de la psychiatrie en France. Vous ne leur faites pas confiance ? » En clair : pour qui se prenait-on ? Dès l'ouverture du procès en appel, le président de la cour a questionné Matthieu : « Vous avez réfléchi aux familles des parties civiles qui vont revivre le procès ? Vous vous rendez compte de ce que vous avez fait ? Vous pensez donc que la sanction n'est pas juste ? » Et Matthieu, toujours prompt à s'enfoncer : « Non, je comprends la perpétuité, ce n'est pas ça le problème… » Dès les premières minutes de ce nouveau procès, nous avions compris que nous ne pouvions rien espérer d'autre que la perpétuité pour notre fils, puisque le président de la cour lui avait fait dire qu'il acceptait ce verdict ! Pensions-nous aux familles des victimes ? Oui, nous pensons à elles constamment. Mais si le droit existe pour ne pas être appliqué, il faut supprimer le droit de faire appel ! Nous n'avons rien exigé d'autre que l'application du droit.

Ce droit qui ne permettait pas de nous faire asseoir sur le banc des accusés, heureusement pour nous. Nous ne pouvions être jugés pour avoir créé le monstre et l'avoir « laissé » commettre des crimes. Mais, du côté où nous nous trouvions, au tribunal, seuls, nous avons été sommés de nous justifier de tout, de ce que nous avons fait, pas fait, pas vu, pas entendu, pas compris. Bien que témoins, nous étions, clairement, les coaccusés de Matthieu. Pour la vie d'Agnès, un seul accusé n'était pas assez.

Pendant des semaines, juges d'instruction, parties civiles, médias, tous nous ont assené que nous avions agi en dépit du bon sens après le viol de Julie. Nous avons pourtant fait ce que nous pensions devoir faire avec les signaux qui nous le permettaient. Nous n'avons pas fait ce que nous ne nous autorisions pas : nous n'avons pas remis les expertises des médecins en doute. Nous n'avons pas non plus « orienté » leur travail, mais nous en avons été soupçonnés. Le docteur Claude Aiguesvives m'a téléphoné avant de rendre ses conclusions ? Il a commis une faute : il n'aurait pas dû m'appeler. Ou bien c'est moi qui ai commis une faute : je n'aurais pas dû décrocher ! Au Puy-en-Velay, je suis soupçonné de l'avoir influencé. Maître Szpiner se sert de cette conversation téléphonique pour laisser entendre que je suis peut-être plus que protecteur vis-à-vis de mon fils : je suis manipulateur.

La question de l'ordinateur revient sur le tapis : trois mois après le viol de Julie, les enquêteurs ont l'idée de saisir notre portable – qui a toujours été celui de la famille, je le rappelle. La justice se rend alors compte que j'ai reformaté le disque dur quelques semaines plus tôt : en effet, il « buggait » sans arrêt et j'avais besoin d'un matériel en bon état de marche pour taper mes cours. La justice me soupçonne d'avoir voulu effacer des preuves. Des preuves de quoi ? Pourquoi aurais-je voulu dissimuler quoi que ce soit, des semaines après les faits alors que Matthieu avait avoué ? Pourquoi aurais-je même pensé que l'ordinateur pouvait contenir des éléments compromettants pour lui ? Et, d'abord, pourquoi la justice n'a-t-elle pensé à saisir l'appareil que trois mois après le viol ? Ces questions-là ne seront pas posées face à la cour d'assises. Mais le contenu de l'historique de navigation sur Internet, qui ne concerne donc que moi, est énoncé en détail. Qu'est-ce que cela apporte à la compréhension du dossier ? Rien. À quoi cela sert-il ? À rien, sauf à étaler publiquement ma vie privée.

*Sophie Moulinas*

En novembre 2014, après la deuxième condamnation de Matthieu, nous avons rencontré la journaliste Isabelle Monnin. Nous ne nous étions encore jamais exprimés dans la presse, mais nous éprouvions le besoin de le faire, enfin, et nous l'avons choisie, elle, pour sa sensibilité. Après le meurtre d'Agnès, elle nous avait sollicités avec empathie et même une forme de douceur. En tout cas, il était évident qu'elle ne portait sur nous aucun jugement négatif à cause de ce que notre fils avait fait. Elle nous comprenait. Ou, au moins, elle voulait nous comprendre. Dans le magazine *M*, l'hebdomadaire du quotidien *Le Monde*, elle a écrit un long article dont nous empruntons le titre, si juste, pour notre récit : « Parents à perpétuité ». Quelle meilleure formule aurions-nous pu inventer ?

Au cours de nos entretiens, nous avons confié à Isabelle Monnin notre étonnement face à la curiosité que nous suscitions, nous, les parents du meurtrier. Elle nous a proposé une explication : « Vous êtes monsieur et madame Tout-le-Monde. Les médias en ont assez de filmer des cas sociaux dont les enfants déconnent parce qu'ils n'ont pas eu de modèle. Vous, vous êtes *concernants*. Même le journaliste se reconnaît en nous, même le gendarme qui vient perquisitionner. Chacun fait son travail, mais il est ému et scotché parce qu'il se voit à votre place. » Avec le temps, j'espère que les Marin seront capables de nous voir, eux aussi, comme des gens normaux. Je leur souhaite de trouver la paix. Je n'attends rien. À l'échelle d'une vie, tout cela est très récent. C'était hier. Chacun a sa façon de supporter l'insupportable.

*Dominique Moulinas*

C'est vrai, nous sommes des gens normaux, des gens simples. Nous ne prétendons pas être plus intelligents ni plus intuitifs que la moyenne. Nous n'avons pas surinterprété l'attitude de notre fils adolescent. À la barre, j'ai dû m'expliquer : « Alors, monsieur Moulinas, vous apprenez que votre fils fume des joints, ça ne vous alerte pas ? — Non, ça ne m'alerte pas. » En effet, je n'ai pas imaginé une seconde que mon fils, parce qu'il fumait du cannabis le samedi soir avec ses copains, comme des dizaines de milliers de gamins en France, pouvait en venir à violer, tuer, brûler. « Et votre fils de dix-sept ans consulte des sites porno sur Internet, ça ne vous alerte pas ? — Non plus. » Le contraire m'aurait presque inquiété. « Votre fils portait une casquette et il trouait son jean avec un compas, ça aurait dû vous alerter ! » Eh bien, non. Nous lui avions parlé : « Ce n'est pas bon pour toi, tout ça. Fais attention à ta santé. Ne te mets pas en danger. Et cette allure, n'importe quoi ! » Sauf que les lycéens de Nîmes qui se distinguaient portaient des pantalons en toile et des blazers bleu marine. Matthieu, lui, se fondait plutôt dans la masse.

Nous nous sommes sentis harcelés mais jamais nous ne nous sommes autorisés à dire « stop, lâchez-nous deux minutes, laissez-nous faire notre deuil de notre fils et apprendre à vivre avec la honte et la culpabilité ». En effet, de quel droit aurions-nous haussé le ton ? Au temps des Romains, les familles des criminels devaient s'exiler. Nous avons vendu notre maison, nos filles ont dû quitter le foyer qui les abritait depuis leur naissance. Nous n'avons pas attendu que la justice et la société nous accablent pour nous sentir responsables des souffrances de Julie et de la mort d'Agnès Marin. En tant que parents, en tant que citoyens, en tant que personnes sensibles au malheur d'autrui, nous avons aussi pris perpétuité.

*Sophie Moulinas*

Pendant les procès, nous étions isolés, physiquement, dans le tribunal. À l'écart de tout et de tous, mais du côté du mal, de notre fils, tellement dangereux et monstrueux qu'il était enfermé dans une boîte en verre sécurisé. On s'est sentis absolument seuls et du côté de l'horreur. Le mal, c'était la famille Moulinas. Nous étions placés loin de nos avocates. Je me souviens d'un moment où j'étais à la barre. Dominique a fait un signe à maître Mimran pour attirer son attention, dans l'intention de lui signaler quelque chose. Le président du tribunal est intervenu aussitôt : « Monsieur Moulinas, on n'est pas à l'école ici ! » Il y avait des représentants d'associations d'aide aux victimes ; une dame, psychologue paraît-il, est restée pendant quinze jours : elle ne m'a pas adressé la parole. Je ne m'attendais pas à ce qu'elle me tienne la main et qu'elle nous soutienne comme elle soutenait la famille Marin, mais un minimum de respect ? Il a fallu que je m'écroule au point de devoir être hospitalisée pour qu'elle me dise bonjour ensuite.

À Riom, un cordon de policiers se tenait debout devant nous. Pour apercevoir le visage des personnes amenées à témoigner, nous devions nous contorsionner afin de trouver un angle. Parmi ces personnes, il y en avait certaines que je choisissais de ne pas regarder. Des voix que j'aurais aimé ne pas entendre. Je me souviens d'une femme, professeure d'anglais au collège qu'avait fréquenté Matthieu, se permettant d'affirmer, comme si elle était spécialiste de la dyslexie, que notre fils ne souffrait d'aucun trouble, qu'il faisait semblant. Sans honte, sans trembler, avec un aplomb formidable, cette enseignante a ajouté face au jury : « J'ai discuté de ce garçon avec certains collègues. Cet enfant, on n'avait pas envie de l'aider. Il nous inspirait du dégoût. » Mêlé à toutes les horreurs prononcées dans l'enceinte du tribunal, au récit détaillé des crimes, notamment le compte rendu du médecin légiste, insoutenable, et les expertises psychologiques et psychiatriques de Matthieu dans lesquelles il apparaissait si cruel et si froid, le discours de cette femme, même s'il n'était pas crédible, faisait écho.

*Dominique Moulinas*

Les procès sont aussi ceux du Cévenol, directement attaqué pour ses « négligences ». Au Puy-en-Velay, Philippe Bauwens a tenu sa ligne de mensonge : il ne connaissait pas le passé de son nouvel élève. Son adjoint, interrogé sur le téléchargement d'un film pornographique dont il ne m'avait pas parlé – évoquant seulement du hard rock –, ne se souvenait plus de rien. Je me sentais honteux pour lui. Il avait peut-être seulement cru avoir affaire à un jeune imbécile qui regardait du porno. Mais il avait peur d'avoir failli. Alors, pour lui, il était encore préférable de ne se souvenir de rien au point de paraître ridicule.

En toute logique, les enseignants qui ont connu Matthieu au collège, appelés à témoigner, ont fait corps avec leur profession. Dans l'ensemble, les professeurs apprécient peu les représentants des parents d'élèves. Ils détestent que l'on se mêle de leur travail, que l'on puisse les remettre en cause alors qu'ils exercent un métier si difficile… Alors quand, en plus, c'est un de leurs semblables qui se fait élire, quelqu'un qui connaît le fonctionnement d'un établissement, les responsabilités de chacun, quelqu'un à qui on ne peut pas faire avaler n'importe quoi pour excuser ses propres défaillances… J'ai été représentant des parents d'élèves pendant des années dans les collèges où étaient scolarisés mes enfants. J'ai assisté aux conseils de classe de Matthieu et de Margaux. Je m'abstenais de donner mon avis lorsque le cas de mes propres enfants était examiné. Durant la scolarité de mon fils, je n'intervenais que lorsqu'un professeur supprimait des points à sa copie parce que celle-ci était trop mal présentée. En revanche, je défendais les autres enfants quand je savais de quoi je parlais. J'étais loin d'imaginer que cela me causerait préjudice un jour.

Même après la mort d'Agnès, j'ai continué d'assurer mes fonctions, parce que j'avais été élu pour ça, et aussi, plus égoïstement, parce que cela me permettait de m'évader un instant de notre vie de cauchemar. En décembre 2011, le jour du conseil de classe du premier trimestre, je me rends au collège. Une camarade de Margaux, en dépit de ses notes brillantes, est privée des félicitations au prétexte qu'elle a adressé une remarque insolente à un surveillant du collège. « Qu'a-t-elle dit exactement ? demande quelqu'un (pas moi). — Elle a dit : "Va te faire voir." »

Face à cette professeure d'anglais qui n'aime pas Matthieu – mais je l'ignore alors, le procès n'a pas encore eu lieu –, j'estime que la sanction est exagérée. « En effet, ça ne se fait pas de parler comme ça, mais il faut relativiser : je connais la situation, les parents de cette jeune fille sont en instance de divorce, elle a de mauvaises relations avec sa nouvelle belle-mère… Et 17,3 de moyenne, quand même ! »

Cette histoire ne concerne alors en rien Matthieu. Cela n'empêche pas la professeure d'anglais d'évoquer l'affaire à la barre lors du procès au Puy-en-Velay d'abord, à Riom ensuite : « Monsieur Moulinas a osé venir à ce conseil de classe ! Et en plus il a parlé ! Il a pris la défense de l'élève qui avait insulté une surveillante ! » Elle apporte ainsi avec véhémence la preuve que je suis un gaucho laxiste et que je prends toujours le parti du malin.

Autre souvenir, plus ancien, qu'elle relate à la barre : Matthieu doit participer à un échange scolaire avec l'Angleterre préparé par cette même enseignante, qui a du mérite sur ce point précis parce que l'organisation de ce genre de voyage demande beaucoup de travail. Il a une correspondante, Cassy, qui doit le recevoir chez elle avant de séjourner chez nous en retour. Quelques jours avant le départ, nous recevons un mail de l'enseignante : la jeune fille s'est mal conduite, elle a été exclue de son école, Matthieu ne participera donc pas au voyage. Je réponds poliment – toujours par mail – que Matthieu est très déçu, qu'il a choisi la section anglais européen pour faire le voyage justement, et je me permets une suggestion : puisque certaines familles françaises doivent accueillir deux élèves britanniques, ne serait-il pas possible d'organiser la même chose dans l'autre sens ? À la barre, elle dénonce vertement mon intervention d'alors – grâce à laquelle Matthieu avait pu participer à l'échange, au cours duquel tout s'était bien passé.

Au procès en appel, pensant qu'elle allait revenir sur l'affaire, j'ai imprimé le message que je lui avais adressé afin que nos avocates puissent le lire et prouver que je m'exprimais de manière polie, et certainement pas revendicative ! La réaction de maître Szpiner ne s'est pas fait attendre : « Comment se fait-il que monsieur Moulinas conserve des messages si peu importants ? » J'étais suspect, encore une fois. L'avocat a même suggéré que j'avais pu écrire un mail a posteriori. L'enseignante a reconnu qu'elle se souvenait de ce message qui était courtois et par ailleurs constructif puisque je proposais une solution. Mais les actes que Matthieu avait commis étaient tellement monstrueux que nous ne pouvions que l'être aussi. Avec cette femme, nous n'avions eu que des relations cordiales pendant toute la scolarité de Matthieu. Tout juste avait-elle râlé lorsque j'avais insisté pour qu'il puisse prendre ses notes sur un ordinateur. Après avoir vu les informations à la télévision à la suite du meurtre d'Agnès, elle s'était inventé avec son élève et avec nous, ses parents, une relation tendue que nous n'avions jamais eue.

*Sophie Moulinas*

Plusieurs enseignants et membres du collège de Matthieu ont été auditionnés après novembre 2011. Certains ont raconté n'importe quoi, sous le coup de l'émotion. Tous n'ont pas eu le courage de revenir sur leurs déclarations. C'est humain. C'est lâche, ça fait du mal, mais c'est humain.

*Dominique Moulinas*

Le conseiller principal d'éducation (CPE) du collège est entendu par les gendarmes au début de l'année 2012. À ce moment-là, Matthieu ne traverse plus les couloirs de son établissement depuis deux ans, mais il se souvient de lui. Il me connaît bien également en tant que représentant des parents d'élèves. Par ailleurs, ce monsieur a entendu les faits à la radio, à la télévision, il a lu la presse. Il donne donc son avis sur un ancien élève à travers le filtre des médias. Il prononce des phrases choc, notamment : « Rendez-vous compte, j'avais le diable dans mon collège. Il aurait pu… » Matthieu s'est-il comporté comme un diable pendant les quatre années où il a été scolarisé chez lui ? Non. Il a été collé une fois, une seule, pour avoir envoyé des boulettes de papier au plafond… Mais le discours du CPE devient un témoignage à charge.

Cet homme vivait avec une femme professeure de sport dans le collège. Elle a eu Matthieu en classe de cinquième, cinq ans plus tôt donc. Après le meurtre d'Agnès, elle a rapporté à son ami un incident si grave que ce dernier a jugé bon de le faire consigner par les enquêteurs : « Cet élève, ma compagne me l'a raconté, a été très violent vis-à-vis d'un de ses camarades pendant son cours. D'une violence rare. » Malgré cette déclaration, l'enseignante n'a pas été entendue. La « victime » de Matthieu non plus. À la barre, au Puy-en-Velay, le CPE est interrogé sur cette histoire dont il n'a pas été témoin directement. Il dit ce qu'il veut et nous, contraints au silence sur notre banc, nous tombons des nues. Pendant des années, j'ai participé à tous les conseils de discipline du collège. Un gamin qui entrait dans l'établissement avec un pétard du 14 juillet y avait droit. Pour un coup de pied donné dans la porte des toilettes, les parents étaient convoqués. Mais là, un garçon violente un camarade comme un prof ne l'a jamais vu dans toute sa carrière, et il n'y a pas de conseil de discipline…

Lorsque le conseiller principal d'éducation raconte cette histoire à la barre, lors du premier procès, il invente, et je le sais. Cependant, nous n'avons pas le droit de demander la parole et notre avocate n'a pas les éléments pour intervenir : elle n'a jamais entendu parler de cette bagarre et, pour cause, elle n'a pas eu lieu. Seulement, le mal est fait. Les jurés ont entendu les mots, ils ont vu la peur rétrospective dans les yeux de l'adulte responsable, honorable, humble fonctionnaire de l'Éducation nationale, qui, lui, n'a jamais commis de crime.

Dans le dossier scolaire de Matthieu, bien sûr, nous n'avons pas trouvé la moindre trace de ce prétendu incident grave. Au procès en appel, nos avocates ont pu demander au CPE : « Matthieu a été si violent que votre amie professeure de sport s'en est souvenue cinq ans plus tard. Il y a donc eu un rapport écrit au sein de l'établissement ? Une sanction ? Les parents ont été convoqués ? » Non. Nous connaissons l'enfant avec qui Matthieu se serait battu. C'est Gaël, un camarade. Il s'est déplacé jusqu'à Riom. Nos avocates : « Cette bagarre dont ton ancienne professeure de sport a parlé, tu t'en souviens ? » Il a répondu avec conviction qu'il ne s'était jamais battu de la sorte avec notre fils. Pourtant, dans la bouche de cette femme, citée par son compagnon, notre gamin avait quasiment essayé de le tuer.

On s'invente des souvenirs. Et ces souvenirs imaginaires, on peut même les raconter de façon tout à fait sincère.

*Sophie Moulinas*

Au procès au Puy-en-Velay, nous avons vu que le conseiller principal d'éducation était mal à l'aise par rapport à ce qu'il avait dit lors des auditions, sous le coup de l'émotion. Puis, au procès en appel, à Riom, nous avons constaté qu'il était plus explicite, dans le bon sens, estimant qu'un drame peut arriver dans n'importe quelle famille, que même des parents attentifs ne peuvent pas tout voir, tout sentir, tout prévoir avant, malheureusement. Lui aussi a des enfants, il l'a dit. Il a fini par essayer de se mettre à notre place. Cela nous a fait du bien de l'entendre, même si, dans l'ensemble, c'est une tout autre version de notre histoire qui a été racontée et retenue…

Le CPE avait pris conscience que ses propos, face à une cour d'assises, pouvaient avoir des conséquences graves. En effet, au cours de sa plaidoirie, maître Szpiner a cité les mots de cet homme : « J'avais le diable dans mon collège. » Car le diable fait le mal, et fait le feu.

*Dominique Moulinas*

Mes confrères et consœurs de l'Éducation nationale n'avaient pas besoin de nous enfoncer. Considérant la violence des crimes de Matthieu, la justice elle-même s'est chargée d'affaiblir les témoignages qui nous dépeignaient comme de bons parents. Serge Villalva, ancien professeur d'histoire de Matthieu, lui-même père d'une fille souffrant de dyslexie, est venu témoigner lors du premier procès. Il avait fait partie des enseignants qui avaient compris les difficultés de

Matthieu, il avait été bienveillant envers lui, il avait accepté de l'aider en notant lui-même ses devoirs dans son agenda, par exemple. Cet homme a eu le courage ou l'honnêteté de parler de l'enfant qu'il avait connu, pas de celui dont parlaient les médias. Il a dit que s'il avait été le père de Matthieu, il aurait agi comme nous. Mais un témoignage comme le sien n'a pas pesé lourd dans la balance. Il n'annulait pas ce que la professeure d'anglais avait inventé. Monsieur Villalva est resté dix minutes à la barre au premier procès, et il n'a pas été rappelé au procès en appel. La prof d'anglais, elle, s'est exprimée trente minutes durant au Puy-en-Velay et elle a été convoquée de nouveau à Riom. Geneviève, qui avait aidé Matthieu à faire ses devoirs pendant presque dix ans, n'a pas pu venir témoigner en personne pour des raisons de santé. Au premier procès, le président a pris la peine de lire son témoignage, rapidement, avant de passer à autre chose : elle évoquait un enfant attentionné, intelligent, curieux, etc. Au procès en appel, aucun rappel de ce témoignage n'a été fait.

On l'a dit plus haut : Matthieu allait rendre visite aux demandeurs d'asile logés au CADA du Chambon-sur-Lignon. Il revêtait son ancienne chemise de scout et partait réaliser sa bonne action du mercredi. Il l'accomplissait pour lui-même, parce que ces gens l'intéressaient, et pour ce qu'il pouvait leur apporter : une présence, une écoute. Cela était difficile à entendre, y compris pour le président du tribunal, parce que cette démarche généreuse de la part de Matthieu ne collait pas avec le personnage qu'il montrait à la cour, et encore moins avec les faits qu'il avait commis. On ne peut pas aller à l'écoute de jeunes gens déracinés qui ne parlent pas la langue française et faire ce qu'il a fait à Julie et à Agnès.

*Sophie Moulinas*

Didier, le frère de Dominique, est décédé brutalement chez lui, à Lille, d'un arrêt du cœur, le 5 octobre 2014. C'était un dimanche, le dimanche situé entre les deux semaines du procès en appel à Riom. Didier n'avait donné aucun signe d'une pathologie cardiaque. Il avait quarante-huit ans. Il est décédé sans savoir qu'il était malade et sans savoir non plus que Matthieu était malade. Sans être sûr que le Cévenol avait bien été averti de la première agression de son neveu et que Dominique, non content d'être un bon mari, un bon père, un bon frère, était aussi un homme honnête.

Puis les grands-parents d'Agnès Marin se sont permis de dire que mon mari était arrogant, pétri de certitudes. Ils avaient besoin d'en vouloir à quelqu'un au-delà de Matthieu. Nous ne leur en voulons pas. Chacun aime et chacun hait comme il peut.

*Dominique Moulinas*

On nous a reproché d'avoir été trop protecteurs avec notre fils, toute son enfance durant. On reproche pourtant aussi facilement aux parents de démissionner trop vite en cas de problème. Matthieu présentait des difficultés de concentration et d'apprentissage, nous l'avons aidé à les surmonter dans son intérêt, sans nous demander si on était « trop » ou « pas assez ». Nous avons fait ce que nous pensions devoir faire pour lui, pour la réussite de sa scolarité. Au cours des deux procès, on nous a dit « trop aimants ». Qu'est-ce que ça veut dire ? Aimer son enfant, je sais ce que cela veut dire. Mais trop aimer, je ne comprends pas.

Et l'avocate générale, au Puy-en-Velay : « Alors, monsieur Moulinas, lorsqu'une sommité de l'hôpital psychiatrique de Montpellier prescrit à votre fils de sept ans un médicament contre l'hyperactivité, vous jugez qu'elle n'est pas compétente. Vous refusez de lui donner ce traitement ? — Oui, madame. Parce que les jeunes patients qui prennent ce médicament souffrent d'effets secondaires graves, et surtout parce que Matthieu était un enfant lent, rêveur, et pas du tout hyperactif. »

Évidemment, au cours des procès, la question est posée : « Si Matthieu avait suivi le protocole conseillé par ce médecin ? » En appel, l'avocat général lance une rafale de suppositions qui sonnent comme des accusations : « Si vous aviez accepté de suivre les recommandations de cette neuropédiatre, votre fils serait-il en prison aujourd'hui ? Condamné à perpétuité ? Agnès Marin serait-elle en vie ? » À mes oreilles, ces questions sont bien des hypothèses, des si à n'en plus finir, et elles n'apportent la preuve de rien de tout. Seulement, ce sont des si qui empêchent Sophie de vivre. Si on avait donné des amphétamines à notre fils de sept ans, tout cela serait peut-être arrivé quand même.

À la lumière des faits, a posteriori, il est facile de dire qu'il y avait des signes avant-coureurs et qu'on n'a pas su les interpréter. La justice ne s'est pas privée de nous reprocher toutes les élucubrations que nous n'avons pas faites. Matthieu a été éclaireur, il a adhéré à des valeurs de partage et de respect de la nature qui sont saines et belles. Le jour où il est parti bivouaquer en forêt, nous avons été fiers de lui offrir un Opinel. Puis il a violé sous la menace d'un couteau. Puis il a tué à coups de couteau. Au procès, la question nous a été posée : « À quel âge lui avez-vous mis un couteau dans les mains ? »

*Sophie Moulinas*

Je le sais. Je sais que Matthieu aurait peut-être fait le mal, même si nous l'avions traité pour hyperactivité. Selon le professeur Rufo, il aurait pu décompenser plus rapidement et on nous aurait sûrement reproché, alors, de lui avoir donné ce médicament juste pour avoir la paix…

Je sais qu'il aurait peut-être fait le mal même si nous ne lui avions jamais offert de couteau. Et si et si et si. N'empêche. Je sais surtout qu'il est trop tard. Il ne nous reste qu'à douter de tout, de notre façon d'aimer notre fils, de ce que nous lui avons dit, pas dit, et notamment sur mon passé.

*Dominique Moulinas*

Nous passions notre temps à communiquer. À parler, ouvertement, avec la pudeur qui s'impose mais aussi en toute franchise. Le sujet des violences subies par Sophie n'est pas arrivé dans nos conversations, en effet. Ne pas créer un traumatisme chez ses propres enfants, est-ce que c'est cela, « ne pas communiquer » ? Nous avons dû nous justifier de chacun de nos choix et même d'être ceux que nous sommes. De si mauvaises personnes, vraiment ? L'enfance de Matthieu nous a été racontée comme si nous ne l'avions pas vécue. Comme si nous n'avions pas été capables de voir non pas le meurtrier que notre fils deviendrait, mais l'enfant qu'il avait été et qui, paraît-il, avait donné des signes. Mais des signes de quoi, et à qui ? Nous ne cesserons jamais de nous poser la question.

Nous avons été jugés avec lui, le verdict a été rendu, mais nous continuons de nous juger nous-mêmes.

Je remonte le fil de l'histoire, et je trouve toujours un nœud auquel m'accrocher. Lorsque j'ai reçu le bulletin de Matthieu avec la mention de son renvoi, je suis monté au Cévenol convaincre le proviseur de réintégrer mon fils. Forcément, cela aussi, on me l'a reproché. Je sens encore la haine de monsieur Marin, elle me transperce comme une lame. Si je n'avais pas insisté, mon fils aurait été exclu, il n'aurait pas tué sa fille. Je comprends sa haine. Mais c'est une haine pour rien. Une haine en vain. Matthieu n'a pas visé Agnès plus qu'une autre. S'il n'avait pas été au Cévenol mais n'importe où ailleurs, il aurait tué une autre gamine.

*Sophie Moulinas*

Après ses crimes, face aux psychologues, aux psychiatres, aux juges, beaucoup moins à la barre, Matthieu s'est raconté. La lecture de ses verbatim a donné à croire aux jurés que Dominique et moi avons été aveugles pendant seize ans. Notre fils a dit que ses copains d'école se moquaient toujours de lui. Il était le rêveur qui s'échappait, celui qu'il fallait interpeller, rappeler, ramener au lieu et au moment présent. Il est possible que les autres enfants lui aient fait ressentir qu'il était différent en effet, mais ils ne l'ont pas rejeté. Cela, nous le savons. Nous en avons la certitude, parce qu'il avait toujours beaucoup d'amis. Parce que, dans notre petit village, nous pensions savoir ce qui se passait dans la cour de récréation comme si nous habitions nous-mêmes dans l'école. Apparemment, Matthieu n'a pas ressenti la forme de tendresse qui s'exprime dans la bouche d'un enfant lorsqu'il demande : « Eh, oh, tu rêves ? » Comme s'il était emmuré, déjà, à sept, huit ans, comme si ce que les autres lui apportaient d'attention, de douceur, d'affection, ne pénétrait pas son corps. Comme s'il vivait déjà, alors, derrière un mur relativement poreux et invisible. Tellement invisible qu'en effet nous ne l'avions pas vu.

L'année de ses sept ans, nous l'avons déjà évoqué plus haut, il a souffert d'un rhume de hanche. Nous avons dû le faire hospitaliser, il était maintenu sur un lit, attaché, avec les jambes sous traction. Il détestait cette immobilité forcée. Je restais avec lui la plupart du temps, je jouais avec lui, je le consolais, je continuais de lui faire la lecture, mais il m'en voulait pour cette situation qui lui était trop pénible. La maladie est revenue trois ans plus tard et cette fois il a dû passer quelque temps en fauteuil roulant…

Aux psychiatres, avant d'être jugé, il a dit qu'il s'était senti seul, rejeté de tous, que le regard des autres lui avait pesé pendant ces deux périodes de maladie. Quand nous avons lu cette affirmation telle qu'elle était sortie de sa bouche, nous ne l'avons pas crue. Lorsqu'il était malade comme lorsqu'il avait du mal à suivre en classe, Matthieu recevait le soutien de ses copains. D'ailleurs il n'est jamais rentré en pleurant parce qu'on s'était moqué de lui. Il gardait tout.

*Dominique Moulinas*

Il ne montrait rien de son mal-être. Il y a un écart important entre ce que Matthieu dit avoir vécu et la réalité des faits. Sur les mêmes moments, les mêmes épisodes de vie, nous n'avons pas éprouvé les mêmes sentiments. Aussi loin qu'il s'en souvienne – et il n'arrive pas à remonter plus haut que ses sept ou huit ans –, il se sentait délaissé alors qu'au contraire nous avions une vie sociale assez riche. Aujourd'hui, il dit : « Non, j'étais seul. » Il dit même : « Je mangeais seul. » Il est peut-être arrivé qu'il finisse son yaourt à deux mètres de moi pendant que je tapais un cours sur mon ordinateur par exemple, mais l'image du petit garçon qui avale ses pâtes sans personne pour y ajouter du parmesan n'a jamais existé chez nous.

Il affirme qu'il ne dormait pas la nuit et qu'il se cachait sous son lit parce qu'il avait peur des zombies. Il jure qu'il passait des nuits entières, éveillé, à trembler derrière sa porte de placard. Je ne suis jamais allé me coucher moi-même sans avoir vérifié que chacun de mes enfants était correctement couvert et profondément endormi. Matthieu dormait aussi bien que ses sœurs. Lui dit : « Non, je ne dormais pas, je restais éveillé avec ma peur. » Ce qui se passait, la nuit, dans ses cauchemars, dans son inconscient, derrière ses paupières baissées, je l'ignore complètement. Le matin, au petit-déjeuner, il arrivait dans la cuisine en grande forme.

Lorsque Matthieu, aujourd'hui, livre *ses* souvenirs, *sa* vérité, je l'entends et je le crois. Lorsqu'il dit qu'enfant il avait mal, il n'est pas dans le mensonge.

*Sophie Moulinas*

À la suite du premier procès, même nous, ses parents, ne l'avons pas cru. Nous lui disions : « Tu mens. » Nous avons pensé qu'il mentait consciemment. Or il croyait à ses mensonges. Ses mensonges étaient sa réalité.

*Dominique Moulinas*

On lui avait fait vivre des choses tellement normales et agréables qu'on ne pouvait pas croire qu'il les avait vécues autrement. Mon père a témoigné au premier procès : « Matthieu a connu une enfance de rêve. Moi je n'ai pas connu mon père, et ma mère a été défaillante, mais Matthieu a toujours pu s'appuyer sur ses parents, il n'a jamais manqué d'attention et d'amour, il était joyeux, heureux même. Je ne l'ai connu qu'heureux dans sa famille. » Matthieu, lui, dit qu'il a vécu des choses difficiles. Il ne les a vécues que dans sa tête.

*Sophie Moulinas*

Les jurés n'ont pas habité pendant seize ans sous le même toit que Matthieu et nous. Ils ont pensé que nous étions passés à côté de notre fils, que nous n'avions pas fait attention à lui, à qui il était vraiment. Ou bien ils ont pensé que nous l'avions accepté tel qu'il était, au contraire, sans remettre sa personnalité en question. Je n'arrive même pas à savoir s'ils ont eu tort ou raison. Dans les deux cas, il y a une part de vérité. Mais une part seulement.

*Dominique Moulinas*

Le 28 juin 2013, dernier jour du procès de Matthieu à la cour d'assises des mineurs de la Haute-Loire, jour du verdict, les forces de l'ordre se sont déployées en masse dans le tribunal et tout autour. Quatre ou cinq cars de CRS. Je me suis demandé pourquoi. Pour qui. Pour assurer la sécurité du public, sans doute. Pour notre sécurité peut-être aussi, au cas où le verdict aurait déplu aux gens. Dans la salle, ouverte à tous en cette fin de journée parce qu'il n'y avait plus de victimes à protéger, Julie étant partie, les policiers paraissaient nerveux. Au terme de quatre heures de délibérations, les jurés ont repris leur place dans le tribunal, la cour s'est installée, et nous avons retenu notre souffle.

J'entendais les journalistes qui chuchotaient derrière nous, au téléphone avec leur rédaction : « Attention, c'est dans trois minutes, je sors, on fait un direct devant le tribunal. »

Je tenais la main de Sophie ; je la serrais fort. Elle avait l'air absent. Au cours du procès, elle avait craqué à plusieurs reprises. Elle avait dû s'absenter, incapable physiquement d'endurer certaines lectures de témoignages, d'expertises, de descriptions. Elle avait l'air absent ; je me sentais omniprésent. Chacun de mes sens en alerte.

J'ai entendu « perpétuité » et aussitôt, dans la salle, les applaudissements du public.

*Sophie Moulinas*

J'ai compris que le verdict était prononcé, mais je n'ai pas pu donner de sens aux mots. Il a fallu que je demande à Dominique. « Perpétuité. » Ça ne veut rien dire, perpétuité. Il a répété le mot à mon oreille. Mais sa voix s'étranglait et j'entendais mal. D'autant qu'il y avait beaucoup de bruit autour de nous.

Le peuple du Puy était venu voir ça. J'ai même reconnu certains visages dans cette foule : ils appartenaient à des habitants de Nages-et-Solorgues, des gens que nous avons croisés en faisant nos courses, à la porte de l'école, lors des fêtes d'été. Ces gens applaudissaient. Maître Mimran s'est tournée vers nous, elle a accroché mon regard. Ses lèvres ont mimé le mot « appel ». Son visage affichait de la colère. Appel du jugement. Elle était déjà dans l'après. L'après-perpétuité. Dès que la cour s'est retirée, maître Mimran nous a rejoints. « Ces cons, s'il y avait la peine de mort, ils le guillotinaient ! » Voilà pourquoi les CRS, l'armada de policiers, les armes, les matraques. Si Matthieu était sorti de son box de verre à ce moment-là, s'il avait pu s'avancer vers les gens, ils l'auraient tué.

Nous sommes escortés jusqu'à notre voiture. Qu'est-ce qu'on a fait pour devoir être protégés ? Qui nous en veut ? Qui pourrait vouloir du mal à Sophie ? Eux, les hommes en uniforme entraînés pour faire face aux casseurs, ils savent, alors ils sont là. Et heureusement pour nous, perpétuité. Et le peuple est satisfait. Et nous regagnons notre logis, peinards. À l'exception d'un fonctionnaire de police chargé de veiller sur nous comme il avait veillé sur Julie, d'ailleurs, personne ne vient nous dire un seul mot. C'est un policier humain, qui nous sourit avec douceur, qui se tient tout près de Sophie à la sortie de la salle d'audience, prêt à la rattraper par le coude si elle tangue. Il est le seul à percevoir que nous sommes effondrés.

*Sophie Moulinas*

Pas le seul, non : à la sortie du tribunal, une femme d'une soixantaine d'années s'est avancée vers moi, et elle m'a touché le bras. Elle m'a soufflé : « Courage ! »

# 14

## Malade à perpétuité

*Sophie Moulinas*

Notre amie Martine, si drôle, si douce, si présente à nos côtés, est morte le 30 juillet 2013, un mois après la fin du procès de Matthieu à la cour d'assises des mineurs du Puy-en-Velay. Elle connaissait bien notre fils. Elle l'avait vu grandir. L'été suivant sa libération du Pontet, lorsqu'il était étudiant au Cévenol, elle avait pris le temps de lui dire qu'il avait de la chance d'avoir des parents qui l'aimaient et qui le soutenaient. Elle ne le jugeait pas, elle l'encourageait seulement à se montrer digne de sa famille et de lui-même, elle l'exhortait à saisir la deuxième chance qui lui était offerte de ne pas gâcher sa vie. Elle ignorait alors qu'il était malade.

Martine souffrait d'un cancer, elle savait qu'elle allait partir. Chaque jour du mois de juillet, jusqu'au dernier, je suis allée la voir à l'hôpital. Nous nous sommes soutenues face à la perpétuité.

*Dominique Moulinas*

Quand les jurés sont arrivés au tribunal, au Puy-en-Velay, ils avaient déjà jugé Matthieu par ce qu'ils avaient vu, lu et entendu via les médias. Il n'avait jamais été question d'un enfant malade, seulement d'un monstre. À Riom, après avoir entendu neuf psychiatres défiler à la barre, l'avocat général a dit que Matthieu était malade. Il l'a affirmé nettement, tout le monde a pu l'entendre. Il a bien spécifié que Matthieu avait commis des crimes parce qu'il était malade. Mais il a ajouté à l'attention des jurés que ces faits étaient si graves, ignobles, innommables, qu'il était préférable d'oublier la maladie et de condamner l'accusé à perpétuité de nouveau, avec obligation de soins, donc.

Si nous avions seriné face aux caméras et partout dans la presse que Matthieu était malade, les jurés seraient arrivés dans la salle en pensant qu'ils allaient juger une personne malade. On ne l'a pas fait par respect pour les victimes et les familles des victimes. Parce que nous savions que, avant le procès, nous entendre en quelque sorte disculper notre fils par la maladie mentale aurait été insupportable. Par ailleurs on pensait aussi qu'il suffirait de tout dire face au tribunal pour que Matthieu y soit jugé comme il faut. Nous avons eu tort.

*Sophie Moulinas*

Matthieu a apporté la démonstration des limites d'un jury populaire. On demande à des gens qui ne sont pas psychologues ni médecins de juger de la santé mentale d'un garçon. Ils sont parents, ils ont une fille peut-être, ils sont horrifiés par ce que les victimes ont subi, et c'est normal. C'est leur émotion qui l'emporte. Alors ils ne retiennent pas que Matthieu est malade. C'est terrible pour lui, c'est dommage pour nous tous, et notamment pour la société, mais c'est comme ça et on ne peut pas leur en vouloir.

*Dominique Moulinas*

Je leur en veux d'avoir prononcé une peine qui ne protège personne de Matthieu : en le condamnant à perpétuité, ils l'ont condamné aussi à sortir. Et ce jour va arriver vite. Il est très jeune : ça fait cinq ans qu'il est en prison, il a vingt-deux ans. Il sera libre vers ses quarante ans. Malgré la mesure de suivi sociojudiciaire sans limitation de durée conjointe au verdict rendu à Riom, nous n'avons pas la certitude absolue qu'il aura l'obligation de se soigner. Le traitement qu'il suit en prison actuellement semble le mettre à l'abri de la récidive. Incarcéré et sous cachets, le monstre ne menace plus la société. Mais dans vingt ans, donc ? Un malade mental enfermé dans un hôpital psychiatrique n'est libéré que s'il est estimé guéri. Dans le cas de Matthieu, vu la gravité des faits qu'il a commis, il faudrait qu'une armée de psychiatres puisse affirmer à 100 % qu'il ne présente plus la moindre dangerosité pour qu'il quitte l'enceinte de l'hôpital.

*Sophie Moulinas*

Selon nos avocates, la reconnaissance de la maladie de Matthieu par l'avocat général, à Riom, aurait suffi pour obtenir gain de cause en Cassation. Selon le droit, un malade ne peut écoper d'une peine d'emprisonnement à perpétuité. Nous avons décidé d'en rester là pourtant, pour plusieurs raisons différentes. Pour épargner aux victimes et à nous-mêmes l'épreuve d'un nouveau procès. Parce que nous avions obtenu l'obligation de soins pour Matthieu qui ne serait donc pas enfermé sans surveillance médicale ni traitement. Parce que le temps lui avait permis de comprendre – sur le plan de la raison – qu'il avait fait du mal à deux jeunes filles et à leurs familles, même s'il restait incapable d'empathie vis-à-vis des victimes. Parce que nous n'avions plus d'argent : demander justice coûte cher, même en France. Parce que nous étions à bout physiquement, nerveusement, parce qu'était venu le temps de commencer à apprendre à vivre de nouveau, autrement, sans notre fils mais avec la culpabilité, le doute et le chagrin. Parce qu'un sentiment nouveau germait en nous. Quelque chose comme la colère.

*Dominique Moulinas*

La colère logeait en moi depuis bien plus tôt que ça. Elle est née dès que j'ai compris que nous étions les seuls, avec nos avocates, à chercher la vérité. Lorsque Matthieu a été arrêté pour la première fois, il n'a pas été capable d'expliquer son geste ni d'exprimer des regrets. Pas par méchanceté, mais parce qu'il ne parvenait pas à éprouver la moindre émotion liée à ce qu'il avait fait. Puis il a tué Agnès. Et de nouveau, dans un premier temps, il a dit « je ne sais pas pourquoi j'ai fait ça ». Il a raconté ses crimes, chacune de ses paroles était consignée par l'éducatrice et la psychologue qui l'ont averti : « Tu sais que ce que tu dis là sera transmis aux juges ? » Et lui : « Oui, bien sûr. Si je sors demain, je recommence dans l'heure. De toute façon personne ne m'empêchera de flinguer la terre entière. » Un peu plus tard, il a ajouté : « Je voulais faire le chaos. » Et il s'est renfermé sur lui-même, de plus en plus, il a sombré dans un état d'incurie qui n'a cessé de nous inquiéter – qu'on veuille bien comprendre cela, nous restons ses parents : nous nous sommes inquiétés pour la santé de notre fils et pour sa vie.

Déjà, au Chambon, il ne se lavait pas bien, il ne se changeait pas assez souvent : il manifestait un signe de la maladie, personne n'y a rien vu que de la paresse, bien sûr. Lorsqu'il s'est présenté à la cour d'assises du Puy-en-Velay, il ne prenait encore aucun traitement adapté et il a donné de lui-même une image déplorable : malfaisante, sombre, presque démoniaque. Nos avocates, les juges d'instruction et nous-mêmes l'avions exhorté à libérer sa parole, parce que la justice ne pouvait que passer par la vérité, mais il a été incapable de s'exprimer sinon pour s'enfoncer davantage.

De toute façon, les faits parlaient pour lui. Comment peut-on brûler un corps humain si ce n'est en niant qu'il s'agit d'une personne ? Comment peut-on manipuler le corps d'un enfant comme s'il s'agissait d'un objet ? Comment peut-on déchaîner sur une jeune fille une telle violence ? Dix-sept coups de couteau, au moins, peut-être plus. Je n'arrive pas à me l'imaginer. Je deviens fou moi-même à tenter de l'imaginer. Ce n'est pas seulement parce que ces faits sont horrifiants que je crois que leur auteur était malade au moment où il les a commis. C'est parce que je ne peux pas penser que quiconque puisse exercer une telle violence physique sans être véritablement malade.

Par ailleurs, l'attitude de Matthieu après le meurtre n'obéissait à aucune logique, aucun ordre : il est rentré au lycée, mais avec quel degré de conscience alors, de ce qu'il venait de faire ? Il est allé se plaindre « comme un petit garçon », a témoigné l'infirmière, parce qu'il souffrait d'égratignures, ignorant que ces griffures le désignaient comme coupable. Sain d'esprit, il aurait fui. Quelqu'un de sain qui vient de tuer ne peut que savoir qu'il va être pris. Il ne peut que savoir qu'il porte sur lui les traces des actes qu'il vient de commettre. Il ne peut que savoir qu'il va passer sa vie, ou une bonne partie de sa vie, derrière des barreaux. Matthieu est rentré. Puis il a raconté n'importe quoi aux gendarmes. Pourquoi ? On ne peut rien comprendre. Il n'y a pas de logique.

Je repense à chacune des neuf personnes qui composaient le jury à Riom : qui parmi elles peut affirmer que l'accusé était quelqu'un de sain qui avait commis des actes fous ? Nous avions fait appel dans l'espoir que ce nouveau jury ouvre les yeux. À Riom, dès l'ouverture du procès, Matthieu a exprimé le souhait de mieux s'expliquer dans l'intérêt des victimes, de leurs proches et de sa propre famille. Il prenait un traitement alors, il voyait plus clair. Mais il restait déconnecté des émotions liées à ses deux crimes : lorsqu'il racontait les soirées avec le pasteur et son épouse, au Chambon, ou les rencontres avec les réfugiés du CADA, ou les sorties qu'il faisait avec les scouts dans son enfance, il exprimait la joie, le plaisir, l'intérêt pour l'autre. Quand il racontait les viols et le meurtre, rien. Il détaillait les faits comme il aurait lu le dictionnaire ou une recette de cuisine, de façon mécanique. Même le meilleur des comédiens n'aurait réussi une telle performance. Alors je me demande vraiment : comment une seule personne présente dans la salle d'audience a-t-elle pu le juger sain d'esprit ?

Ma colère s'est nourrie des deux verdicts successifs. Elle s'est engraissée des erreurs et des maladresses commises par la multitude de personnes qui ont tourné autour du cas Matthieu Moulinas. Je pense aux médecins qui se sont trompés, bien sûr, mais aussi aux médias. Dès le lendemain du verdict, au Puy-en-Velay, sur France Inter, qui est « ma » radio comme *Le Monde* est « mon » quotidien, un journaliste annonce le transfèrement de Matthieu Moulinas vers la prison de Lyon-Corbas. Il cite son prénom et son nom et il indique où il est incarcéré. Nous sommes dans la voiture, sur le chemin du retour, dévastés, nous rentrons retrouver nos filles, et nous entendons ces informations qui ne devraient pas êtres données parce qu'elles mettent notre fils en danger. Et nous aussi : lorsque nous nous rendrons au parloir, en compagnie de Margaux et de Zélie, les CRS ne seront plus là pour nous protéger.

En colère, je téléphone à la rédaction de France Inter. Un responsable d'antenne comprend aussitôt mes arguments et m'assure que les erreurs vont être rectifiées. En effet, dans les journaux suivants, il n'est plus question que du meurtrier d'Agnès Marin et, quelques jours plus tard, le journaliste adresse à maîtres Mimran et Diez une lettre d'excuses. Après une nuit de travail harassante, il a commis une erreur regrettable mais pardonnable en effet.

Maître Szpiner, lui, qui avait cité notre nom de famille face aux journalistes, quelques minutes après l'énoncé du verdict, n'avait pas d'excuse. Il n'avait pas le droit de donner le patronyme de l'accusé mineur au moment des faits. Il est avocat, il n'ignore pas le droit… J'ai éprouvé une colère intense lorsque je l'ai entendu, mais je ne me suis pas autorisé à réagir. Il n'a pas pensé que Sophie, Zélie, Margaux et moi porterons toujours le nom du meurtrier fou d'Agnès Marin.

Nous l'assumons. Nous continuons d'aimer Matthieu et de le soutenir, nous continuons de veiller sur lui autant qu'on peut veiller sur un homme en prison, mais puisque la société a décidé qu'il lui appartient désormais, puisqu'elle a fait de lui son otage, à elle d'assumer son rôle auprès du citoyen malade Matthieu Moulinas.

Et qu'elle compte sur nous pour lui rappeler ses défaillances : au cours du mois d'août 2015, Matthieu a été transféré dans une aile non médicalisée de la prison de Lyon-Corbas. Du jour au lendemain, sans que nous en ayons été avertis – c'est lui qui nous l'a dit, lors d'un parloir –, il a été privé de son traitement, des entretiens bimensuels avec le psychiatre, des séances d'art-thérapie et de tout ce qui lui permet de moins souffrir, ce qui le « normalise », et le rend donc moins dangereux pour lui-même et pour autrui. Bien entendu, j'ai aussitôt remué ciel et terre pour obtenir une explication auprès des instances compétentes : « Matthieu va bien, il n'a plus besoin de traitement », m'a assuré une psychiatre du SMPR qui n'avait pas en charge le suivi de mon fils. Paniqué, j'ai téléphoné au docteur Meunier, le médecin psychiatre référent de Matthieu en prison : « Matthieu est relativement stable, certes, mais sûrement pas guéri. Il faut qu'il reprenne son traitement sans tarder. Je m'occupe de le faire revenir dans le secteur médicalisé immédiatement. »

Cet incident, je l'ai interprété comme une preuve que l'administration pénitentiaire n'est pas apte à gérer des criminels atteints de pathologies psychiatriques. Je ne parle pas seulement de Matthieu. Il se trouve que notre fils a des parents qui continuent de veiller sur lui. Qu'en est-il des détenus que leur famille a choisi d'oublier ? Si je n'étais pas intervenu pour que Matthieu reprenne son traitement, je n'ose imaginer dans quel état il serait, aujourd'hui, dans une cellule ordinaire qu'il partagerait avec deux, voire trois codétenus peut-être pas plus sains d'esprit que lui.

On pourra toujours dire que les Moulinas ne se préoccupent que de soulager leur enfant : nous avons surtout le souci qu'il ne recommence jamais. Que jamais une jeune fille, une femme, ne revive ce qu'ont vécu Julie et Agnès, que nous ne vivions jamais tout ça à nouveau. Toutes nos suppositions concernant le passé ne servent à rien, mais celles que nous pouvons faire à propos de l'avenir permettent de soulever des questions pertinentes sur la façon dont la société gère – ou plutôt abandonne – ses enfants malades.

Christiane Taubira, alors garde des Sceaux, s'insurge qu'un tiers des détenus présentent des maladies mentales. Jean-Jacques Urvoas, qui lui a succédé récemment, avait même déclaré dans *Le Télégramme de Brest* en février 2012 que « les prisons sont devenues des espaces de relégation. Il faudrait déjà que ceux qui n'ont rien à faire en prison soient placés dans des établissements idoines, comme les malades psychiatriques ».

Quand mes parents travaillaient à l'hôpital psychiatrique de Montfavet, près d'Avignon, il y avait quatre mille patients. Aujourd'hui il y en a quatre cents. Les gens qui ne sont plus internés sont soit en prison, soit SDF, soit dans des structures de type centre d'hébergement, etc. Une journée d'hospitalisation coûte un bras, sûrement bien plus cher qu'une journée en cellule. Mais je ne suis pas sûr qu'on fasse du bien aux malades emprisonnés ni à la société : quand ils sortent, ils sont dans quel état ? Ils vont faire quoi ? Il y a bien le suivi des SPIP (Services pénitentiaires d'insertion et de probation). Il s'agit des agents de probation chargés des détenus après leur sortie et pendant leur contrôle judiciaire, en termes d'insertion, etc. Mais ils sont plus que débordés. Quand ils suivent cent vingt personnes, ils ne peuvent en suivre aucune.

*Sophie Moulinas*

Un nouveau procès en Cassation n'aurait pas apporté une autre réponse que l'enfermement aux gestes de Matthieu, mais il lui aurait permis d'être pris en charge en milieu médicalisé plutôt qu'en milieu carcéral. Sa vie n'aurait pas été plus confortable, il n'aurait pas été moins coupable des deux crimes qu'il a commis, mais il aurait été mieux soigné. Et il n'aurait pas eu la moindre chance d'être relâché avant que la médecine le considère comme guéri.

Moi, sa mère qui l'aime tant, j'ai peur de ce jour-là. Même si je fais confiance à la médecine, même si j'ai l'espoir qu'elle parvienne à guérir Matthieu un jour, j'ai peur, déjà, de chaque jour qui suivra sa libération. Peur que la société soit obligée de reconnaître un jour : « On l'a mal jugé. On n'a pas été compétents : il était malade mais on n'a pas fait en sorte de prévenir un nouveau drame. »

*Dominique Moulinas*

Aujourd'hui, Matthieu est stable grâce au traitement médical qu'il suit volontiers. C'est un bon patient… C'est aussi un patient incarcéré.

Il parvient à poser sa réflexion et affirme que les rendez-vous réguliers avec le psychiatre qui vient à la prison l'aident à progresser vers une prise de conscience.

Il participe aux échanges, il est même curieux et s'étonne des découvertes qu'il fait sur son propre cas. Il demande des explications. Il a admis avoir eu des gestes gravissimes, mais, pour l'heure, il reste incapable de ressentir des émotions concernant ses crimes et leurs conséquences sur les victimes et leurs proches. Je ne le comprends pas, mais cela fait partie de sa maladie, comment le forcer à ressentir des choses ? Au moins, il ne prononce plus de paroles cruelles sur Julie et Agnès, comme il a pu le faire pendant les expertises, il ne délire plus. Et ce n'est pas par calcul, pour rétablir son image. Il nous dit : « Ne lisez pas ce qui me concerne, c'est à moi de payer, pas à vous, mes parents. » C'est déjà un énorme progrès. Quand on lui rend visite, il n'exprime pas une grande reconnaissance mais il est conscient que cela nous demande des efforts. Qu'il a désorganisé notre vie. Vis-à-vis de nous, il est gentil et aimant.

Matthieu se voit comme quelqu'un de mauvais. Il ne se projette pas dans un avenir véritablement libre de toute surveillance. Il me dit : « Quand je sortirai, il faudra que je sois en clinique. » Ou bien : « Quand je sortirai, tu seras auprès de moi. » Personne ne rêve de vivre auprès de son père à cet âge-là. Lui, oui. Parce qu'il sait que son père devra le surveiller et qu'il le fera. Il a donc tout à fait conscience d'être malade. Voilà pourquoi il réclame des soins.

Aucun médecin ne peut affirmer avec une certitude absolue comment sa maladie va évoluer, si elle va régresser ou s'aggraver au contraire. Matthieu est trop jeune, il reste pour quelques années encore un sujet à observer. Tous les psychiatres s'accordent sur un point : Matthieu n'est pas fini (un garçon achève son évolution psychique vers l'âge de vingt-cinq ans).

Ils imaginent trois possibilités. Un : sa maladie est stable, elle n'évolue pas, rien ne change. Deux : il s'enfonce dans cette maladie, il décompense complètement et sombre dans un délire total et permanent, la personnalité perverse prend le pas, le Matthieu rouge écrase le Matthieu blanc, et là on l'assomme, on l'isole. Trois : vivre avec ce mur devient trop insupportable et il finit par se pendre.

Nous ne savons toujours pas si Matthieu éprouve un sentiment de culpabilité. Il ne peut pas évoquer ses crimes avec nous : ce travail, il l'effectue avec un psychiatre, dans le cadre de son traitement, au cours de moments qui lui appartiennent et ne nous regardent pas. Avec nous, il souhaite avoir des échanges et des relations de parent à enfant. De même, son nouveau psychiatre, le docteur Giret, respecte le secret médical et nous informe peu sur l'évolution de son patient. Nous sommes rassurés de savoir qu'il est suivi et soigné et nous nous en contentons.

Aujourd'hui, sur Matthieu, nous savons ceci : lorsqu'il ne prend aucun traitement, comme lorsqu'il a violé et tué Agnès Marin, il est assailli par des bouffées d'angoisse délirantes tellement violentes qu'il se voit mourir. Cela génère en lui une grande souffrance, il est bloqué, incapable d'avancer. Il était suivi depuis tout petit par tout ce que la science compte de spécialistes. Tous répétaient : « Cet enfant est intelligent, un jour il aura le déclic, il s'en sortira. » Même après qu'il eut violé Julie, personne n'a soulevé la possibilité d'un problème médical. Personne n'a tiré la sonnette d'alarme et personne ne nous a permis de réagir. Aujourd'hui, nous souffrons aussi de devoir reconnaître ça : nous étions présents à côté de Matthieu, nous étions là, à le regarder, à l'écouter, à lui parler, à le rassurer, et pourtant nous sommes passés à côté de lui comme la société est en train de l'ignorer.

*Sophie Moulinas*

L'image de Zélie, « Matthieu rouge, Matthieu blanc », est revenue plusieurs fois dans son discours quand elle était petite. Moins maintenant. Elle s'applique à dessiner pour lui, elle lui imprime des photos. Nous ne savons pas s'il les accroche au mur à côté de son lit, nous n'avons aucune image de l'endroit où il dort, sinon la description sommaire qu'il nous en a donnée. Margaux aussi, très vite, a dit : « Mon frère est malade, il doit être soigné. » Encore aujourd'hui, elle affirme : « Il reste mon frère. Les actes, il y a la justice et la société pour les juger et les condamner. Ce n'est pas à moi de le faire. » Elle connaît des hauts et des bas. On est en vacances en Corse, on mange une glace, on achète une carte postale pour Matthieu, elle pleure. On la rassure : un jour Matthieu verra la Corse. Un jour il sera guéri, ou assez bien soigné pour sortir, et on sera ici avec lui. Margaux s'est investie d'une mission : sa réussite scolaire. Est-ce que c'est pour nous ? On essaie de la détendre par rapport à ses exigences. Elle a toujours été bonne élève. Là, en plus, elle veut réussir. Peut-être se dit-elle qu'elle porte, après Matthieu, le devoir de faire quelque chose de beau. Elle y arrive. Elle pleure parce qu'elle a eu 14 en histoire. Ce n'est pas assez. Elle veut montrer au monde entier qu'elle a eu de bons parents. Ce sont les mêmes que ceux de Matthieu.

*Dominique Moulinas*

Quelques jours avant Noël, tous les quatre, nous nous installons dans la cuisine pour remplir un colis de nourriture que nous porterons à Matthieu. C'est le seul cadeau autorisé en dehors d'un livre ou d'un DVD. En cercle autour du carton, nous sommes contents et, en même temps, c'est atroce. Mais, bien sûr, bien sûr, c'est toujours moins pire que d'avoir eu un enfant assassiné.

## *Malade à perpétuité*

*Sophie Moulinas*

Sur le chemin qui me mène à la prison où mon fils est incarcéré, juste avant Vienne, passe un ruisseau qui s'appelle le Suzon. C'est le prénom que nous avons donné au bébé que j'ai perdu en juillet 2003. J'étais dans le cinquième mois de grossesse. Matthieu allait avoir dix ans, Margaux cinq. Une infection urinaire banale a contaminé le fœtus, Suzon est morte *in utero*. J'ai dû accoucher par voie basse, de façon classique, à ceci près que je savais que je n'entendrais aucun cri, aucun pleur, juste un silence de mort. Moi, j'ai versé beaucoup de larmes. Nos enfants sont venus me voir à la clinique, nous leur avons expliqué ce qui s'était passé, dans les grandes lignes. Puis je suis rentrée à la maison, la vie a repris son cours, la vie sans ce troisième enfant qui n'avait pas vu le jour, et j'ai espéré, attendu d'être enceinte de nouveau.

Chaque fois que je vais voir mon fils en prison, juste avant d'arriver à Vienne, dans l'Isère, je vois Suzon, le cours d'eau, et je repense à mon enfant Suzon, et je souris. Elle est là, elle est sur le chemin, sur mon chemin de vie. Dans son lit de cailloux et de feuilles, elle est claire et tranquille, elle coule, comme le temps, quoi qu'il nous arrive. Je ne sais pas si Matthieu s'est vraiment rendu compte de ma douleur en cet été 2003 mais lors des enquêtes judiciaires, il a raconté qu'il se souvenait de l'incident. Il n'a pas dit ce qu'il avait ressenti. Il se souvenait du prénom, Suzon, que l'on avait choisi ensemble, mon mari et moi, pour sa joyeuse espièglerie, comme nous avons choisi les prénoms de tous nos enfants pour ce qu'ils nous évoquaient de beau. D'espoir. De joli présage. Le Sud et Marcel Pagnol.

À la prison, parfois, je croise une infirmière en psychiatrie qui ressemble beaucoup à Martine physiquement. Elle est un peu plus grande, mais je retrouve les traits de mon amie dans son visage, son sourire, et jusque dans la forme de ses lunettes. Elle s'occupe de Matthieu.

*Dominique Moulinas*

Lorsque je ferme les yeux jaillissent sans que je puisse les repousser des images de Matthieu aux pires moments. Je le revois dans cette cage de verre, au Puy-en-Velay. Il sourit quand il nous regarde. Parce ce qu'on est là, à côté de lui. Il a l'air inquiet mais le regard las. Moi, j'aurais été effrayé. Je me souviens de lui chez les juges d'instruction à Clermont-Ferrand, sa silhouette, menottée dans le dos, tête baissée, entre deux gendarmes ou deux policiers, je ne sais plus, et moi qui dis « mon fils mon fils mon dieu c'est impossible c'est un cauchemar ». Je garde aussi l'image de lui à la fin du procès, à Riom, dans la pièce qui se trouve juste derrière le banc des accusés, il est dans une cage de fer, il pue, il sourit, Sophie pleure, « mon garçon mon garçon, » et je capte le regard des policiers qui ont l'air de se demander comment elle peut encore l'appeler comme ça, avec tendresse. Tout au long des procès, ils n'ont vu que le monstre. Moi, je ne connais que l'enfant.

# 15

## AUJOURD'HUI

*Sophie Moulinas*

Après deux viols, une enfant tuée, et d'autres disparitions encore autour de nous, celle de Martine, puis celle de Didier, j'ai basculé dans une tranche de vie où la mort est omniprésente. Elle hante mes pensées, du matin jusqu'au soir et jusque dans mes cauchemars. Je me sens plombée par le malheur, lourde, dans tous les sens du terme. Je pèse. Je me pèse à moi-même. À cause des médicaments, j'ai pris vingt kilos. Je suis vide, je suis une matrice, je suis remplie, je suis morte, le mal se répercute en moi. J'ai grossi comme quand j'étais enceinte et que j'allais finir par accoucher de quelque chose. Je suis encombrée. Mon corps est trop. De trop. Je me planque.

La maison, c'est le cocon, le havre, l'enveloppe protectrice pour toute la famille. Celle de Nages-et-Solorgues, on l'avait finie ensemble. Elle faisait partie de notre famille, elle était à nous. On ne l'avait pas fabriquée pour la revendre. Dans celle que nous louons aujourd'hui, Matthieu n'a presque jamais habité, mais il a encore sa chambre. Sa bibliothèque avec ses livres. Une des craintes qu'il exprime, pour l'avenir, est de ne pas retrouver ses affaires. Il y a ses classeurs de dessins de maternelle, son imagier de l'éveil, les travaux manuels en tout genre – j'ai cette manie de conserver tout ce qui concerne les premières années de mes enfants. Les invitations aux anniversaires. La recette du gâteau au yaourt et aux pommes, la poésie de l'escargot, avec la consigne de l'institutrice, « à lire tout seul », et là, « tracer les traits du bas vers le haut », les coloriages, les collages avec les gommettes, « les points rouges sous la ligne et les points jaunes dessus ». Puis les travaux d'écriture réalisés à la prison du Pontet avec d'autres détenus. Les textes ne sont pas signés. Je ne sais pas quelles phrases sont celles de mon fils. Elles peuvent toutes êtres les siennes. C'est sur son lit que je plie le linge. Parce que c'est pratique. Parce que ça ne l'embête pas, parce qu'il ne le sait pas. Contre un mur, sa guitare, cassée au Chambon par les camarades d'Agnès, sous le choc.

Parmi notre voisinage, nous croisons des gens qui ont l'air très gentils, on pourrait créer des liens, je m'interdis d'aller vers eux. Ils ont une fille qui a l'âge de Matthieu, et une autre un peu plus âgée. Ils doivent avoir dix ans de plus que nous. Ils ne sont pas au courant. Ou peut-être que si. Ils ont des amis dont le fils est ami avec Margaux, alors peut-être. J'ai peur que, par une gentillesse naturelle, ils me demandent combien d'enfants nous avons, et ce qu'ils font. Est-ce qu'un jour ce genre d'échanges sera possible à nouveau ? Dans nos relations aux autres, nous ne sommes plus que les parents de Matthieu. Nous ne parlons que de lui, nous ne sommes vraiment nous-mêmes que dans le cadre professionnel de la justice, du soin psychologique, de la médecine, ou de l'édition maintenant.

Ne plus y penser. Préparer les repas, emmener les filles à leurs activités, aller au travail, aller chez le médecin, chez ma psy, aller dîner chez des amis, rendre visite à notre fils : tout ça fait partie de la vie. Je vis. Je vis pour les filles, pour mon mari, pour Matthieu aussi, mais toujours avec cette idée de la mort qui ne me lâche pas. C'est un effet de la dépression, paraît-il. C'est surtout un effet de ce qui est arrivé. On guérit d'une maladie mais on ne répare pas le passé. Ce qui est arrivé hier, je dois juste apprendre à vivre avec. Lorsque j'aurai appris, je pourrai guérir, peut-être, on verra. J'aimerais. J'ai hâte, mais je ne suis pas certaine que j'irai mieux un jour. Les blessures les plus profondes ne cicatrisent pas, elles suppurent.

Dans mon sommeil, Dominique pleure. Alors, voyant les larmes que mon mari ne verse pas tant que ça face à moi, le jour, je me dis qu'il arrive quelque chose à nos filles. Je me réveille et je reviens à la réalité. Dominique dort à côté de moi. Je le rejoins. Dans mes rêves, je suis borgne, je ne vois que d'un côté. Mon inconscient me parle et me fait peur. Mais qu'est-ce qu'il veut me dire ? Qu'est-ce que je n'ai pas vu ? Qu'est-ce que je continue de ne pas voir, peut-être ? Je cherche. Dominique aimerait que je m'entête moins. Il s'ancre dans le présent, il se projette dans l'avenir, il est résolu à avancer pour ne pas faire comme moi : reculer.

*Dominique Moulinas*

Je cherche encore, moi aussi, malgré moi, je ne peux m'empêcher de penser, chaque jour, à chaque instant, à ce qui est arrivé. C'est sans fin et sans espoir. Je suis largué en plein désert sans carte ni boussole.

Au parloir, seul dans une pièce minuscule, j'attends Matthieu sur ma petite chaise en plastique. Il entre dans la pièce, il s'inscrit dans cette banalité et dans cette laideur, je nous regarde et je me demande ce qu'on fait là. J'ai envie de dire : « Allez, on s'en va. » Me reviennent aussitôt la terrible raison de sa présence ici, et la certitude qu'il doit rester là. Même sa conversation est d'une étonnante banalité, sauf au début de l'année 2015 : il allait très mal. Il arrivait, sale, abattu, le regard vide. Il était entré dans une de ces phases de décompensation qui vont jusqu'au délire. D'après ce qu'il a dit à son psychiatre, il dormait sous son lit pour se protéger de monstres. Il marchait dos au mur, de peur que quelque chose ou quelqu'un l'attrape par-derrière. Il va mieux depuis, mais je ne peux pas m'empêcher de penser aux malades mentaux qui se fichent en l'air. Je ne sais pas si Matthieu pense au suicide. J'ai peu d'échanges avec les soignants. La prison, ce n'est pas l'hôpital.

Il parle avec la psychologue une fois par semaine, et deux fois par mois avec un psychiatre qui travaille en collaboration avec la psychologue. Des infirmières et des infirmiers sont là en permanence, dans les murs, mais pas dans les cellules. Les détenus sont sollicités pour participer à des ateliers de parole, d'art-thérapie, etc., puis ils rentrent dans leur cage. S'ils ont un problème, ils peuvent appeler, mais, s'ils n'appellent pas, personne ne va les voir. Le docteur Meunier, qui était venu témoigner au procès en appel, avait été clair : « Il faut que Matthieu soit hospitalisé. » Mais non.

Alors oui, je me raccroche au présent. Matthieu respire, lit, rêve, il vit, à sa façon. Sophie et moi partageons des moments avec lui. Sans lui aussi, un peu, de temps en temps, j'arrive à lâcher prise. Quelques instants, quelques secondes, j'oublie le passé : il n'est plus là, au premier niveau de ma conscience. Soudain je sens que ce n'est pas normal, cet état de félicité, et les souvenirs remontent. Je me dis que les parents d'Agnès Marin ne pourront jamais plus se sentir heureux et je ne suis pas sûr que notre malheur les console. Un instant, j'arrive à m'affranchir de ce qu'ils pourraient penser de ce livre, de ce que j'y affirme, de l'amour que je déclare éprouver encore pour mon fils malgré ce qu'il a fait. Dans un second temps, je me dis : malgré tout ce qu'ils peuvent penser, malgré le jugement des gens en général, parce que Matthieu a été condamné, une partie de l'histoire est finie.

Alors peut-être pourrions-nous essayer de passer à autre chose.

*Dominique et Sophie Moulinas*

Nous sommes les parents d'un tueur. Nous sommes les parents de Matthieu, vingt-deux ans, grand, blond, gentil avec les membres de sa famille, seul, emprisonné, malade. Nous sommes aussi les parents de deux jeunes filles extraordinaires, fortes, aimantes, drôles, intelligentes, courageuses. Ensemble, tous les cinq, nous formons une famille. Une fois par mois, dans une pièce de six mètres carrés minable au milieu d'une taule, Matthieu, Margaux et Zélie rigolent ensemble. Ils sont heureux de se retrouver parce qu'ils s'aiment.

Un jour, dans vingt, vingt-cinq ans, on ne sait pas, Matthieu sortira de prison. Ce sera un homme, mais il sera seul, il n'aura pas de femme, pas d'enfant, et nous ne savons pas, aujourd'hui, s'il sera guéri. Nous ne savons pas si nous serons encore là, vivants et en assez bonne santé, pour nous occuper de lui. Il aura quarante, cinquante ans, il sera encore, à jamais, notre enfant.

Nous sommes les parents de Matthieu Moulinas.

Nous sommes les parents de trois enfants, dont l'un fait du mal.

Nous sommes vivants. Qu'on nous pardonne.

Nous remercions chaleureusement :

Isabelle Mimran, Joelle Diez, Catherine Auger-Sureaux, Edgar Félix, Mathieu Lacambre, Magali Teillard-Dirat, Wayne Bodkin, Marc Gabay, Marcel Rufo, Fréderic Meunier, Guillaume Giret, Adeline Hazan, Jean-Pierre Rosenczveig, Isabelle Monnin, Éric Maitrot, Caroline Andrieu-Millagou, Anne Gintzburger,

pour nous avoir écoutés, nous avoir compris, nous avoir aidés. Pour ne pas nous avoir jugés.

Merci enfin à tous nos proches et moins proches qui nous ont soutenus.

Didier, tu nous manques. Nous sommes sûrs que, là où tu es, tout est sérénité et vérité.

# TABLE

CET OUVRAGE
A ÉTÉ ACHEVÉ D'IMPRIMER
SUR ROTO-PAGE
PAR L'IMPRIMERIE FLOCH
À MAYENNE EN AVRIL 2016

N° d'édition : L.01ELKN000580.A003. N° d'impression : 89664
Dépôt légal : avril 2016
Imprimé en France

Cet ouvrage a été mis en page par IGS-CP
à L'Isle-d'Espagnac (16)